用 文 字 照 亮 每 个 人 的 精 神 夜 空

微信 | 微博 | 豆瓣　领读文化

初学记系列

04

论语知道

凡所初学，入门须正，立志须高

杨昊鸥 著

CTS
湖南人民出版社·长沙·

本作品中文简体版权由湖南人民出版社所有。
未经许可，不得翻印。

图书在版编目（CIP）数据

论语知道 / 杨昊鸥著. —长沙：湖南人民出版社，2023.2（2024.8）
ISBN 978-7-5561-3110-5

Ⅰ.①论… Ⅱ.①杨… Ⅲ.①儒家②《论语》—通俗读物 Ⅳ.①B222.2—49

中国版本图书馆CIP数据核字（2022）第231034号

论语知道
LUNYU ZHIDAO

著　　者：杨昊鸥
选题策划：北京领读文化
产品经理：领　读·孙华硕
责任编辑：刘　婷
责任校对：夏丽芬
装帧设计：卿　松[八月之光]

出版发行：湖南人民出版社有限责任公司［http://www.hnppp.com］
地　　址：长沙市营盘东路3号　　邮编：410005　　电话：0731-82683327

印　　刷：长沙超峰印刷有限公司
版　　次：2023年2月第1版　　　　　　印　　次：2024年8月第2次印刷
开　　本：880 mm × 1230 mm　　1/32　　印　　张：8.375
字　　数：141千字
书　　号：ISBN 978-7-5561-3110-5
定　　价：49.80元

营销电话：0731-82683348（如发现印装质量问题请与出版社调换）

子曰:"学而时习之,不亦说乎?有朋自远方来,不亦乐乎?人不知而不愠,不亦君子乎?

——《论语·学而》

献给孩子们

与文学美妙的初逢

——『初学记』系列丛书总序

我是一名写作者和文学教师，同时，还是两个孩子的父亲。

我从不会忘记多年前的那个凌晨，我在产房外小心翼翼地把女儿从妻子的身边抱起来，捧在怀里，感觉自己正捧着世界上最温柔的光芒。我告诉自己，今生一定要把最美好的东西全都奉献给她。

和所有疼爱子女的家长一样，在孩子幼小的时候，我和妻子一直尽己所能地为她咨询优质的膳食方案、购买优质奶粉。在她适龄入学的时候，我们也像挑选奶粉一样精心为她挑选各个学科的优质教育方法和教育内容。

然而，恰恰是在我最熟悉的语文学科，我碰到了很大的困难。

当下针对青少年儿童的语文学习产品和书籍如过江之鲫，令人眼花缭乱。但是它们的精致程度和体系完善程度都不能令我满意。

我对儿童文学读物非常挑剔，这种挑剔甚至远远胜过我自己的日常阅读。因为，每一个人接触某一个学科的最初感受将会极大影响他对这个学科最根本的认知和未来所能达到的高度。宋代文学理论家严羽在《沧浪诗话》中曾经提到过一个重要的教学观念："入门须正，立志须高。"借用到今天的青少年教育说：小朋友年级越小，越要给他们输入优质、精致的教育内容。这就像一定要用优质奶粉去哺育嗷嗷待哺的婴儿一样，孩子们宝贵的成长时光是不可逆的，看起来内容驳杂但是营养程度极低的食品应该坚决剔除出婴儿的食谱。

举例而言，在女儿识字启蒙的阶段，我剔除了《三字经》和《弟子规》等一些时下热门的传统启蒙读物。因为《三字经》和《弟子规》都是在识字率极低的古代最简单的民间识字教材，本身的文学品质比较平庸。

我为女儿挑选的识字启蒙教材只有一部《千字文》。《千字文》是梁朝皇帝梁武帝指派当世大才子周兴嗣编纂的一部皇族识字教材，具有字不重复、文采飞扬、知识密集、趣味横生、书写优美（《千字文》是中国书法史上被历代书法家传抄频率极高的文学作品）等多重优点，它不仅是一部启蒙教材，还是中国文学史和书法史上璀璨的瑰宝。尽管《千字文》最早是一部皇族识字教材，但是在今天这个信息爆炸的时代早已走入寻常百姓家。我用了整整一年的时间教授女儿《千字文》，在朗读、背诵、讲故事、讲知识的过程中，同步练习基础书写，一鱼多吃。

有许多国学培训机构主张让儿童从小系统、完整地学习四书五经，我的看法有所不同。我的硕士和博士阶段都是攻读先秦两汉文学，具备相关的知识背景，所以我深深地知道这些古籍都是专业化程度很高的古代文献，如果不是从事专业研究，多数内容对于儿童学习而言毫无必要。当然，也不能完全否定其中符合现代教育价值的内容，所以我在为女儿讲授古代诗歌的时候为她挑选了一些《诗经》中的动人篇章，在为她讲授中国传统思想的时候重点挑选了部分《论语》段落，等等。

我为女儿挑选文学作品有两条标准。第一是必须具备文学的美感和格调。《千字文》里的"墨悲丝染，《诗》赞羔羊"相比《三字经》里的"人之初，性本善。性相近，习相远"，《千字文》里的"孔怀兄弟，同气连枝"相比《弟子规》里的"兄道友，弟道恭。兄弟睦，孝在中"，文学格调高下立判。毫无疑问，我会为她挑选前者。第二是在知识和思想上必须要能够促进对当下生活的思考，不能从古人那里简单照搬。女儿还在上幼儿园的时候，有一次缠着我给她讲故事，我就随口讲了一个"夸父逐日"的故事。没有想到她说："地球不是围绕着太阳转动吗？在地球上跑，怎么能追上太阳呢？"我突然意识到，我们处在信息化时代，儿童接受知识的方式相比从前已经发生了重大变化。所以，讲"夸父逐日"必须要连带着现代天文知识一起讲。同理，讲《论语》里的道理，或者讲《史记》里的故事，也必须要把古今文化打通来讲，这才是指向现代和未来的传统文化教育。

美感格调和对当下的思考，是我衡量儿童文学读物精致程度的两把标尺。利用这两把标尺，我可以从大量古籍中拣选出孩子的文学食谱。这并非自我标榜，我不会因为自己是文学教师就把文学教育置于全科教育之中特别突出的位置。对现代青少年而言，文学教育和数理教育、艺术教育、体育教育等同样重要。我为孩子的文学阅读去粗取精，正是为了帮她节省出时间接受更全面的现代知识培养。

学习体系是我关注的另一个重点。中国传统的文艺种类，在教学上都非常注重环环相扣的学习体系，这在传统文化当中叫作次第，也就是先后顺序的意思。比如说古人学书法，一般的路径是先由唐楷入门，之后逆上魏晋，待楷书稳固之后再学行草。再比如说古人学写诗，《红楼梦》里林黛玉教香菱写诗，教她先学王维五律，次学杜甫七律，再学李商隐七绝，将三座基石先打好，再把两晋南北朝诸位大名家融会贯通。这是真正的诗歌写作培养路径，非常扎实有效，所以小说中的香菱能够从一个诗歌门外汉迅速提升成为一个合格的诗歌作者。

在现代的中小学语文学习当中，并没有建立起像传统文艺那样切实有效的进阶学习体系。现代中小学语文教育大多采用漫灌式的广泛阅读，大家非常喜欢给中小学生开出一大堆令人望而生畏的书单——而且书单上的书目经常更换，这批书读了不见成效就换一批书。至于先学什么，后学什么，先怎么学，后怎么学，怎样把不同阶段所学的语文知识、不同阶段建立的语文能力有效地集中整合在一起形成厚积薄发的合力，则完全是一笔糊涂账。所以我们看到真实的语文教育现状是，孩子们经过十多年的语文学习之后，背诵、书写、阅读、写作四大核心能力大多停留在较低的水平，孩子们畏惧语文，甚至抵触语文的普遍心理在中小学教育当中几乎是一个公开的秘密。

每当我看到当下青少年语文教育盲目混沌的现状时，心里总会涌现起《史记·太史公自序》里的一段话："意在斯乎！意在斯乎！小子何敢让焉。"

如果暂时没有令人满意的语文学习体系，那我就自己来吧。我为女儿设计的语文学习进阶体系思路是，用一个专题内容，对应一个年龄阶段，同时，专题内容侧重针对与年龄阶段匹配的语文核心能力。

单一的专题内容易于在学习中集中发力。例如，我专门用《史记》专题来解决文言文学习的问题。《史记》是中国文学史上文言散文的巅峰之作，被明清两代的文章家奉为"文章祖宗"。中国古代散文名家名作浩如烟海，但只要能够对《史记》具备常识性的了解，对其中的精彩段落稍加用心，文言文就可以一通百通，自然过关。此外，围绕《史记》所记载的历史脉络，我们还可以把连带古今中外的相关知识拓展开来，高效地实现青少年文史通识教育，教学效果非常显著。

我把这个进阶的体系用表格进行直观的描述：

书名	内容	对应能力
《神话之门》	神话故事	兴趣培养、激发联想
《大美千字》	《千字文》	识字启蒙、端正书写
《诗国万物》	古代诗歌选	背诵积累、培育美感
《论语知道》	《论语》文选	传统道德、启发思辨
《史记文明》	《史记》文选	文言入门、拓展见识

随着女儿年龄的增长，我会在未来的日子里继续延伸这个体系，继续补充中国现当代文学和外国文学，以及其他文史通识知识的内容，但思路上将仍然延续这个体系的设计。

近些年来，我一直采用这个自创的体系来教女儿，我常在她的眼神中看到那种与文学初次相逢的美妙感觉。那是一种"好像有一点点难，但又很美、很有趣，我很想弄懂它"的感觉，用《论语》里的话来说，叫作"愤"和"悱"。在这种情况下对她进行"启"和"发"，是一件顺水推舟的事。

我想把这种美妙初逢的感觉奉献给所有热爱文学的孩子。所以我把日常教学的内容进行整理，编写成了这套"初学记"丛书。它既是一套青少年文学启蒙读物，也是一套文学文化普及读物。明代思想家李贽曾经说过："夫童心者，真心也。"只要我们仍然怀有热爱，只要我们仍然希望获得超越平凡生活的力量，我们就永远是真诚的孩子。

在这套书编写的过程中，张洪铭同学、谭心蔚同学、俞吉琪同学、梁颖欣同学为我分担了许多专业资料整理工作，青年书法家王铎翔亲笔示范了硬笔楷书《千字文》，在此向他们表示衷心的感谢。教育是神奇的事业，它让孩子们走向成熟，让教育者保持年轻。希望我们的初学永远充满着年轻的活力！

杨昊鸥

孔子好像一直就是个不讨人喜欢的老头。一说到孔子，今天我们马上就会想起《论语》里面没完没了的"子曰"这个，"子曰"那个，整天讲大道理，唠唠叨叨个没完。真没劲！

如果我们能够穿越回两千五百多年前的春秋时代，我们肯定能一眼就在人群里把孔子认出来。

因为他的个子太高了。

根据古籍的记载和现代人的推算，孔子的身高接近两米，而春秋时代的平均身高是一米六左右。如果放在今天，孔子相当于姚明那么高，只要他在人群里一站起来，保准你能看见他。

孔子可不是一个人云亦云随大流的人，他的脾气特别倔。不管身边的人怎么说，怎么做，他就是要按照自己的想法来说话和做事。所以不光是今天的人嫌他唠叨，就是在孔子自己生活的时代，很多人也不喜欢他。

那么，孔子所处的春秋时代是什么样的呢？

那个时候人们崇尚武力，不喜欢读书，大多数人的文化水平很低。孔子站出来告诉大家：我们应该热爱学习，让自己成为一个有知识、有修养的人！

那个时候人们相互伤害，世界上充满了战争和冲突。孔子站出来告诉大家：我们应该关心和帮助身边的人，让世界变得和平，让大家都过上好日子！

…………

孔子就是这样，一次又一次说着人们不爱听的话，并且一直努力在政治上实现自己的理想——建立起稳定有序的社会秩序。他一次又一次地失败了。在孔子生活的时代，大家都把他当成一个奇怪的人，辱骂他，疏远他。可是，他却从来不因为其他人的眼光而改变自己。

这个世界上最酷的事情，就是哪怕全世界都不理解自己，一个人也要坚持去说正确的话，去做正确的事情。

孔子就是这样一个酷到没朋友的人。

尽管孔子身边没有什么朋友，但是在他晚年的时候却收获了很多学生。这些学生有的年纪大，有的年纪小，有的聪明，有的鲁钝，有的富有，有的贫穷，有的性格沉稳，有的性格激烈，有的学问精深，有的口才出众，有的善于处理政务，有的长于军事战斗……这些人各有各的特点，却都被孔子伟大的人格魅力和高深的学问见识所折服，心甘情愿地跟随他学习。

当然，这些学生也不太受到当时人们的理解，他们和孔子一样，被看作是一群奇奇怪怪的人。如果说孔子是一个很酷的人，那么他的学生们，也是一群很酷的人。

传说，孔子在晚年教授了三千多名学生，其中有七十二个非常杰出，被后世称为七十二贤人。这些学生在孔子年老去世之后，把老师的学说带到了各个国家，开枝散叶，发扬光大。在他们的不懈努力之下，人们慢慢开始接受孔子所开创的儒家学说，并慢慢地重视起儒家学说的宝贵价值。再后来，儒家学说最终成为传统中国的主流思想文化，深刻影响了中国两千多年的历史，一直到今天，还在潜移默化地影响着中国人的道德观念和价值观念。

孔子的这些学生，以及学生的学生，把孔子在世时教导学生的精彩对话，以及学生说过的精彩语句记录下来，编成了一本书，这就是鼎鼎大名的《论语》。

孔子和他的学生是一群很酷的人，《论语》是一本很酷的书。在这本书里，孔子对学生有时候语重心长，有时候说说笑笑，一点也没有我们想象的那种古板的架子。他的学生们呢，围在老师身边叽叽喳喳，问这问那，有时候故意给老师出点小难题，有时候想让老师看到自己的进步求表扬，非常可爱。

孔子的循循善诱照亮了学生们的漫漫人生，学生们的赤诚之心照亮了孔子的晚年岁月。

《论语》全文一共492章，约1.6万字。为了便于青少年读者清晰简明地学习《论语》，本书从中挑选了富有代表性的100章，分为10个专题，分别是学、君子、孝、政、友、仁、礼、知（智）、信、行，涵盖《论语》的核心内容。我们在每个专题之前设置了专题导读，并在每个章节选段之后对选文进行了详细的现代解读，保证青少年读者能够轻松地进行独立学习。

《论语》是打开中国传统思想文化最关键的钥匙。读懂《论语》，就破解了中国传统文化的密码。践行《论语》，我们就是文质彬彬的中国君子。实际上，知道《论语》的字面意思并不难。从知道《论语》说了什么，到知道《论语》说的对，到知道《论语》说的为什么对，再到我们真实按照《论语》的教诲去立身处世，这是一条很长很长的路。

就让我们先从知道开始吧！

杨昊鸥

你能在这本书中

找到以下问题的答案吗?

1. 谁是孔子学生中的超级学霸?

2. 哪一位学生从孔子那里传承了孝道思想,并且根据老师教授
   的内容写作了《孝经》?

3. 孔子把哪位学生比喻成俊美的小牛?

4. 哪一位学生把孔子的学说带去了南方?

5. 孔子最喜欢哪一位学生?

6. 哪一位学生长得特别像孔子?

7. 哪一位学生出身贫困,后来参军建立了战功?

8. 哪一位学生曾经打过孔子?

9. 孔子的学生中谁最有钱?

10. 孔子最讨厌哪一位学生?

目录

卜商字子夏。少孔子四十四岁。

孔子既没，子夏居西河教授，为魏文侯师。

"学"这个字最初的意义指的是学校，甲骨文中的"学"字，下面是一间屋子，屋子上面画着两个"×"，念"爻"（yáo），这是古代用来标示读音的符号。除了甲骨文以外，有的字体还会画上一双手，表示大家凝聚力量来兴办学校。后来，"学"字在屋子里面加上了"子"，用来表示这是培养学生的地方，也就是指学校。后来又慢慢衍生出学习的意思。

学习的苦与乐

中国四大经典名著中有一部叫作《红楼梦》的小说，《红楼梦》的主人公是一位叫作贾宝玉的男孩。他打小就非常聪明机灵，可偏偏不爱读书学习，尤其是那些宣扬大道理的"圣贤书"。有一天，他的老师给他出了一道作文题，题目是让他用《论语》里面的一个典故——"十五有志于学"来写作文。"吾十有五而志于学"是《论语》里孔子说过的话，意思就是孔子在十五岁的时候就把学习当成了自己终生的志向。

这个命题作文可难不住机灵的贾宝玉。他立马就拿起笔，洋洋得意地写下一句："夫不志于学，人之常也。"意思是说，不喜欢学习，不把学习当作人生志向，那才是人的天性呀。这话可说到大家的心坎儿里去了。尤其是小朋友们，应该都深有体会。对孩子们来说，爱玩才是天性，要是每天都只需要吃喝玩乐，不用学习，那该有多幸福！

可是，《论语》这部书开篇的第一句话，说的偏偏和我们大多数人心里想的不一样。《论语》的第一句话是：

"学而时习之，不亦说乎？"

这句话的意思是，学习了并且按时去温习它，这是非常快乐的事情啊！

《论语》把关于学习的内容放在全书的第一句，说明在孔子的学说中，学习是至关重要的事情。除了开篇这第一则语录以外，《论语》中还有很多孔子讨论学习的话，可以说，整部《论语》就是一部孔夫子教导学生热爱学习，以及怎样学习的书。我们前面介绍过，孔子的学生来自不同的地方，不同的年龄，从事着不同的职业，可是他们都非常信服孔子的教导，并且在孔子的教导之下成了优秀的人才。

那么，孔子究竟是怎样教导学生热爱学习的呢？学习究竟有什么乐趣呢？还在学习的苦海中苦苦挣扎的读者朋友们一起来看看吧！

第一讲

子曰："学而时习之，不亦说（yuè）乎？有朋自远方来，不亦乐乎？人不知而不愠（yùn），不亦君子乎？"（《论语·学而》）

[译文]

孔子说："学习了并且按时去温习它，不也是高兴的事情吗？有同学从远方来和我交往，不也是很快乐的事情吗？别人不了解我，而我却并不感到生气，不也是一个君子吗？"

● 学习：学习在现代汉语里是一个词语，但实际上，学和习是"学习"过程中两个不同的阶段。"学"是指听老师讲授知识，是一个从无到有，从不会到会的过程；"习"是指练习、温习，更侧重对已经学到的知识进行重温和实践的过程。

"习"这个字原本的意思，是指小鸟很不熟练地扇动翅膀，练习飞翔，而在经过多次的练习之后，小鸟就慢慢变得熟练起来，可以顺利地飞翔。所以后来"习"就引申出了练习、温习的意思，重点就是要去实践。

"学习"本身就是一个"学"和"习"相结合的过程，也是一个"吸收"和"实践"相结合的过程。我们听到老师讲授的知识之后，所学到的东西还只是停留在脑海里，我们需要通过反复的练习与实践才能够真正地把学到的知识变成

自己的东西，从而能够去应用它。不然很容易就会把辛辛苦苦学来的知识又还给老师。我们通过学和习的结合，感受自己的能力不断提升，这才是学习让我们感到快乐的原因！

● 朋："朋"字最开始的意思，不是我们今天所说的"朋友"，而是一种货币单位的名称，它的形象看起来就像一根木棍上挂着两串贝壳（古代早期的货币）。

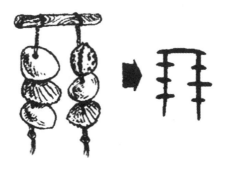

在孔子的时代，不仅"朋"的意思和今天的"朋友"不大一样，"友"跟"朋"也有着细小的区别。所谓"同门曰朋，同志曰友"，"朋"指的是同一个老师教导的学生，就是我们今天说的同学的意思。而"友"则是指和自己志向爱好相同的人。在古代，学习条件不像现在这么发达，也没有这么多的学习资源。所以有同学从很远的地方来，正好可以互相交流学习的心得，从而提升自己的能力。这可是非常难得的机会，所以说"有朋自远方来"是一件非常值得高兴的事情！

● 愠："愠"字的意思是指心中怨恨，有怒气。热爱学习的人往往沉浸在自己的学习乐趣之中，他们专注于自己的学业，不太会被外部的环境所影响。这本来是一件好事，可是却常常可能引起别人的误解。比如说，今天有些国家和地区，把热爱学习的人称为 Nerd（书呆子）。那么，如果别人不能理解自己的学习乐趣，误解自己，甚至嘲笑自己，我们该怎么办呢？

孔子教导我们，不要生气，要坚定自己的学习志向，同时包容别人，这才是一个宽容大度的君子啊！

[论而成语]

● 学而时习之：对学到的东西常加温习。

● 不亦说乎、不亦乐乎：这两个带有反问语气的成语常用来表示非常快乐的情绪。

第二讲

子曰："君子食无求饱，居无求安，敏于事而慎（shèn）于言，就有道而正焉（yān），可谓好学也已。"（《论语·学而》）

[译文]

孔子说："君子在饮食方面不要求吃饱喝足，在居住方面不要求安逸舒适，做事敏捷勤快，说话却很谨慎，去接近道德品行高尚的人，以他们为榜样端正自己，这样就可以说是好学了。"

[扩展学习]

● 敏于事，慎于言：孔子认为，一个君子，在说话和做事方面，必须要符合"敏于事，慎于言"的标准，就是多做实事，少说虚话。这个标准看起来不难，但实际上要做到却不容易。比如说，在刚放寒暑假的时候，很多中小学生朋友们会制订一份详细的假期计划，几点起床，几点运动，几点做作业……但是真正能够自觉执行的人确实非常少。所以对于君子而言，做事必须要勤劳敏捷，不可以拖泥带水，也不能够逃避问题。

君子在"敏于事"的同时，还要做到说话小心谨慎。有句俗话叫"多说多错"，这就是说如果随意地说话，那么很容易就会说错话，"祸从口出"就是这个道理。所以，君子对于说话是非常慎重的——"君子于其言，无所苟而已矣"（《论语·子路》），一点也不会苟且、松懈。说出去的话就像泼出去的水一样，是收不回来的，所以君子说话必须要经过大脑的思考，确定不会后悔，才能够说出口。

当然，不仅仅是对君子来说要这样做，"慎于言"这一点对于小朋友来说也一样重要。虽然大人们总说"童言无忌"，但是有时候小朋友说的话也可能会伤害到别人，况且，一个没有言语修养的孩子也是不会受人喜欢的！

● 正：端正、匡正的意思。"就有道而正焉"讲的是君子"好学"的方法问题。君子要向"有道"的人，也就是道德、品行高尚的人学习和请教，并且以他们为榜样，端正自己，通过这样的方式，把自己也变成"有道"的人，这就是好学的方法。所以爸爸妈妈总是希望小朋友可以和班级里品学兼优的同学做朋友，其实是希望孩子能够向他们学习，在相处的过程中受到他们的感染和影响，从而慢慢地也变得更优秀。这就是"近朱者赤，近墨者黑"的道理。

● 孔子认为，一个君子的追求，是不应该停留在吃穿用住这些物质方面的，而应该是在更高的精神层面。孔子口中的"好学"，可不是今天我们讲的热爱学习这么简单，而是一种为人处世的求学态度。不管是对自己还是对他人，"敏于事而慎于言"都是君子要做到的准则，而向道德品行高尚的人学习，"择其善者而从之"（《论语·述而》），把他们当成镜子，照照看自己身上有哪些缺点并且改正它，则是君子"好学"的一个重要途径和方法。

[论而成语]

● 食无求饱，居无求安：一个人安贫乐道，在艰苦的环境中追求理想。

第三讲

子曰："学而不思则罔（wǎng），思而不学则殆（dài）。"（《论语·为政》）

孔子说："人只学习却不思考，就会感到迷茫，但是如果只思考却不学习，那么就会陷入危险。"

[扩展学习]

● 罔：迷惘。孔子为什么说我们只学习却不思考，就会感到迷茫，感到没有方向呢？班级里总有成绩突出的学生，有的学生把所有时间都用来学习，成绩很好，这样的人被叫作"学霸"；有的学生该学习的时候认真学习，该玩的时候痛痛快快玩，也轻轻松松就能够名列前茅，这样的人被叫作"学神"。其实所谓"学神"并不是天才，而是他们更加善于思考，这样就可以把已经学到并且巩固的知识，经过自己的思考，转化为自己特有的东西，并且能够发现知识背后的规律和逻辑，所以学习起来当然就非常省时又省力。

● 殆：危险。既然思考这么重要，为什么孔子又说如果只是思考而不学习，那么我们就会面临危险呢？这是因为思考虽然很重要，但是学习才是基础。如果只思考不学习，就会像得不到指引的赶路人一样，一直在思维的迷宫里面打转，困惑地找不到正确的出口，时间久了，就变得非常的危险。学就是吸收养料，没有养分，再美丽的花朵也会枯萎；学好比打基石，基石不坚固，再高的大楼也会瞬间崩塌。所以正确的思考一定要建立在好好学习的基础之上。

● 孔夫子教导我们，"学而不思"和"思而不学"这两种学习的方法都是不正确的。在学与习的基础上，能够有自己的思考，是非常重要的。这是因为学和习还仅仅停留在一个吸收和巩固的阶段，而思考却是一个消化并且创造的过程。思考，是孔子教授给弟子们关于学习过程的第三个要点。但前提是要好好学习，我们千万不能当一个白日空想家。

第四讲

子曰："学如不及，犹恐失之。"（《论语·泰伯》）

[译文]

孔子说："学习知识时好像生怕追赶不上什么那样，即使赶上，还很担心会失去它啊。"

[扩展学习]

● 及："及"字的形象看起来就像是前方有一个正在奔

走的人，后方是一只手，这只手抓住了前面的人，所以"及"代表着追上、赶上，这就是"及"字最开始的意义。小朋友们今天经常听到的及时、及早这些词语里的"及"也是赶得上的意思。

孔子在这里讲的"学如不及，犹恐失之"，是指学习的态度。我们知道，孔子是十分看重学习的，所以他对自己和学生们的学习态度也是非常重视的。就像在一个班级里，学生们的成绩有好有坏，但是不是永远固定的，而是会随着大家努力程度的变化而发生改变。

有的学生也许不那么聪明，但是只要他有正确的学习态度，勤奋、努力，有上进心，坚持下去，每天进步一点点，就一定能够追赶上去，甚至超越别人。孔子的学生曾参，就是一个天资鲁钝的人，但是他学习非常勤奋，后来成了孔子的得意门生，我们现在正在学习的《论语》就是曾参参与编写的。

● 犹恐失之：形容一个人学习或者工作非常勤奋，富有进取心。

第五讲

子曰："古之学者为己，今之学者为人。"（《论语·宪问》）

[译文]

孔子说："古时候的学者学习是为了提高自己，现在的学者学习是为了炫耀给别人看。"

[扩展学习]

● 在这里，孔子口中的"为己"和"为人"，可不是字面意义上的为了自己和为了别人的意思，千万不要误以为孔子是在指责古代的学者自私自利，赞扬当今的学者无私奉献。其实恰恰相反，孔子这是在批评和惋惜当今学者学习心态的不端正。

荀子曾经在他的文章《劝学》中对孔子的这句话进行了解释，他说："古之学者为己，今之学者为人。君子之学也，以美其身；小人之学也，以为禽犊。"意思是说，君子学习的目的是增长知识，提升自己的道德品行。而小人学习的目的，却是为了卖弄，把学问当作家禽、小牛之类的礼物去讨人喜欢。这下我们清楚了，孔子之所以说这话，是因为他那个时代的人学习，大多是出于炫耀的目的，整天显摆自己背了几首诗，看了几本书，实际上根本没有什么真学问。

其实，"为人"的学者不论古今都非常普遍，在今天也有很多。希望我们学过《论语》之后，不要成为孔子批评的那种人。

第六讲

子曰："吾尝终日不食，终夜不寝（qǐn），以思，无益，不如学也。"（《论语·卫灵公》）

[译文]

孔子说："我曾经整天不吃东西，整晚不睡觉，把全部时间都用来思考，可是没有什么好处，还不如去学习啊！"

● 学与思：我们已经学过"学而不思则罔，思而不学则殆"（《论语·为政》）这则语录了，对学与思两者的关系也有了初步的了解。学习和思考是不可以分割开的两个方面，就像硬币的两面。

学习是思考的前提，而思考是学习的进阶。这么看起来，思考好像比学习要高级一点，那么我们是不是就可以认为思考比学习更重要呢？

不是的。连孔子这样高水平的老师，如果不先学习，哪怕是整天不吃不喝的，晚上甚至都不睡觉，把全部的时间拿来思考，都没有收获，还不如先学习。又何况是我们普通人呢？所以，不以知识积累为基础的思考，那不叫思考，那叫空想。

第七讲

孔子曰："生而知之者，上也；学而知之者，次也；困而学之，又其次也；困而不学，民斯为下矣。"（《论语·季氏》）

孔子说：“从一出生就明白事理的人，是最上等的；通过学习才明白的人，是低一个等级的；遇到困难才去学习的人，又低一个等级；遇到困难了还不去学习的人，这些人就是最下等的了。”

[扩展学习]

● 在这里，孔子把人分成了“生而知之”“学而知之”“困而学之”“困而不学”这样四个等级。虽然孔子说有生下来就知道的人，但是这样的天才实际上是不存在的。即便像孔子这样的成就高超的人，也不是生下来就什么都知道，他在《述而》篇里说：“我非生而知之者，好古，敏以求之者也。”可以看出，孔子也是经过学习之后才明白事理的，是属于第二个“学而知之”的等级。

这里的等级，实际上是孔子根据人对待学习的态度来划分的，而不是根据人的智力高低来划分。其实，孔子是希望通过这样的等级的划分，能够激励大家勤奋好学。“生而知之者”不是孔子要讨论的，因为这是天生的，从严格意义上来说就是不存在的。

所以说，所有的人都属于“学而知之”“困而学之”和“困而不学"这三种情况之一。现实中最好的是"学而知之",我们通过学习,一步一个脚印掌握知识,明白事理。差一等的人,他一开始不知道学习的重要性,到了真正需要解决问题的时候没有相应的知识储备,于是碰到困难,这个时候幡然醒悟,回过头去学习。最差的一等人是哪怕遇到困难,也不肯通过学习去解决问题,这种人在孔子看来是无可救药的。

[论而成语]

- 生而知之:夸奖或者形容某人天资聪颖,好像一生下来就什么都知道。

- 学而知之:通过后天的学习获得知识和能力。

- 困而学之:在遇到困难或者失败之后,吸取经验教训。

第八讲

子曰:"小子何莫学夫《诗》?《诗》,可以兴,可以观,可以群,可以怨。迩(ěr)之事父,远之事君;多识于鸟兽草

木之名。"(《论语·阳货》)

[译文]

　　孔子（对学生）说："同学们，你们为什么不学习《诗经》呢？学习《诗经》，可以兴发人的情感和意志，可以观察出社会发展的好坏，可以帮助人结交到朋友，也可以借来委婉地讽刺。近的方面，可以用（其中蕴含的道理）来侍奉父母，远的方面呢，可以用来侍奉君主；而且还可以让人多多地认识鸟兽草木的名称。"

[扩展学习]

　　●《诗》：在这里，孔子说的《诗》，可不是我们今天所说的普通诗歌，而是专门指《诗经》。《诗经》是我国最早的一部诗歌总集，距离现在两千多年。现在保存下来的有305篇，所以也被称为"诗三百"。说得再简单一点，《诗经》是一部歌词集，里面所有的诗歌，在当时都非常流行，而且是要配合音乐演唱的。

　　《诗经》的内容分为《风》《雅》《颂》三个部分，涉及社会和人生的各个方面，比如祭祀、战争、风俗、爱情、劳动等，文辞非常优美，同时还蕴含着广阔的智慧。所以，孔子才把《诗经》拿来作为教育学生的学习教材。

● 兴观群怨：兴，就是兴起的意思。这是指《诗经》拥有可以感发读者的情感，激起读者的意志的作用。举个例子来说，《诗经》里面放在第一首的是《关雎》，大家对"关关雎鸠，在河之洲。窈窕淑女，君子好逑"这几句诗应该是比较熟悉的。这首诗描写了关关和鸣的雎鸠，相伴在河中的小岛上这样一幅动人的场景，而这个场景触发了少年对少女的痴情，使他独自陶醉在对姑娘的一往深情之中。当读者读到这几句诗的时候，也会联想到自己所爱慕的人，与诗歌发生情感上的共鸣，这就是兴。

观，就是观察的意思。观察什么呢？观察政治和风俗。因为《诗经》的内容涉及社会的方方面面，作品也来自不同的地区，所以通过学习《诗经》，我们可以看到各种各样的社会面貌，也可以看到不同地区的文化习俗。

群，就是群聚，也就是和身边的人团结起来，打成一片的意思。为什么《诗经》还有这个作用呢？因为我们前面讲到了，《诗经》是一部歌词合集，里面很多歌曲非常流行。我们想象一下，我们和身边的人在一起，有时候会唱起我们大家都很熟悉，而且很喜欢的歌，这个时候大家的感情就会紧紧联系在一起。最典型的例子就是军队的战士唱军歌，当战士们齐声唱起嘹亮的军歌时，整个部队的精神意志就紧紧连成一个整体。这就是《诗经》能够起到的团结作用。

怨，在这里是怨怒、讽刺的意思。当我们心中对一些人或事物产生不满的时候，可以委婉地表达出自己的批评和讽刺，来缓解自己心中那种郁闷和怨愤的情绪。《诗经》里面有很多抒发郁闷和怨愤情绪的作品，当人们唱起这些歌，会起到一个排遣负面情绪的作用。

这一则语录，孔子讲的是《诗经》丰富的功能，除了兴、观、群、怨，《诗经》还能够教会我们正确地侍奉父母和君主，教会我们怎么样成为优秀的儿女，成为合格的下属。除了这些，《诗经》也像一部百科全书一样，可以让人们多多地认识鸟兽草木的名称。这也是为什么《诗经》在古代的"学习教材"中如此重要。

[论而成语]

- 兴观群怨：可以用来表达人们从不同的角度去感受文学艺术作品，也可以用来表达人们通过学习文学艺术作品来实现多层次的学习目标。

第九讲

子夏曰："日知其所亡（wú），月无忘其所能，可谓好学也已矣。"（《论语·子张》）

[译文]

子夏说："每天知道一些自己以前所不知道的东西，每个月都不忘记自己已经知道的东西，做到这样子就算得上是好学了！"

[扩展学习]

● 子夏是孔子学生中的超级学霸。他姓卜，名商，字子夏，是孔子的学生当中学术成就最高的一个。孔子的很多高深学问都是被子夏继承下来，并且发扬光大的。后来，子夏因为学问特别高深，做了魏国国君魏文侯的老师，孔子的学说也就在魏国开枝散叶，传播开来。

所以《论语》中除了记载孔子说过的话之外，还记载了很多子夏说过的话。由子夏这个超级学霸来谈论学习这个话题真是再合适不过了。所以在本专题中，我们特别挑选了两条子夏谈论学习的话。

● 亡：我们对"亡"这个字应该不陌生，"亡"有逃亡、灭亡和死亡的意思。下面这张图中，"亡"字的形象就像一把镰刀的刀刃被砍断了，成了没有用处的东西。古文中又表示"没有"的意思。所以子夏说的是每天都知道一些自己过去不知道的知识，而不是每天都知道自己忘掉了哪些知识。

● 我们在"学而时习之"的部分已经讲到过学和习的问题。子夏说的"日知其所亡，月无忘其所能"，其实就是学和习的结合。

"日知其所亡"，就是学的过程，每天学到一点新知识，每天都有新的收获；"月无忘其所能"，则是习的过程，知识是需要日积月累的，但是，假如我们只专注于学，却不注重温习、实践和巩固，把好不容易学到的新知识扭头就抛在脑后，那怎么能积累起来呢？这就好像一个漏水的木桶，你花再大的力气打水，最后还是漏得一滴不剩。所以要想积累知识，必须要常常温习。

第十讲

子夏曰："百工居肆（sì）以成其事，君子学以致其道。"（《论语·子张》）

[译文]

子夏说："各行各业的工匠要待在作坊里来完成自己的工作，而君子则要通过学习来追求真理。"

[扩展学习]

● 子夏用打比方的形式，非常生动地告诉大家：其实追求真理没有什么特别的秘密，它就像各行各业的人想要完成他的任务，那么就必须整天待在作坊里进行工作一样；君子要想追求真理，就要把学习当成自己的工作，长年累月地浸泡在里面，自然而然就能达到心中的理想之境。

子夏的老师孔子少年的时候立下远大志向，"十有五而至于学"，一直到晚年才修炼到"七十而从心所欲不逾矩"。孔子用尽了一生来追求真理和理想，给自己的学生树立了光辉的榜样。

颜回者，鲁人也，字子渊。少孔子三十岁。

子曰："贤哉回也！一箪食，一瓢饮，在陋巷，人不堪其忧，回也不改其乐。"

"君"这个字，上面是一个"尹"字，下面是一个"口"字。甲骨文中的"尹"字，是一只手拿着一根棍子的形象，棍子代表着权力，所以"尹"字就是指手里拿棍子负责管教别人的人，从这里又产生出官员和治理的意思。而"尹"字下面的嘴巴，就代表着用口来命令官员办事，所以"君"最开始的意思就是命令、管教官员的人，就是指君主。之后又代表着有社会地位的人，有道德的人，就有了君子的意思。

专 题 二

君子的风范

在北宋的时候，曾经有两个宰相，一个叫司马光，一个叫王安石。他们两个人从小就都很聪明，很有才华。一个在幼年的时候就留下了"司马光砸缸"的故事，另一个写下了"遥知不是雪，为有暗香来""春风又绿江南岸，明月何时照我还？"等经典诗歌。但是他们在其他方面却非常不像，甚至完全相反。

司马光是一个非常温和的人，对待别人总是很宽容，他说话非常有风度，穿着也很干净整齐。但是王安石从小就不爱笑，非常严肃，而且他非常不讲卫生，除了不爱洗澡，穿衣服相当随便以外，还经常头发也不梳就去上朝，在这一方面，王安石算得上是典型的"脏乱差"的代表了。更重要的是，他们两个在政治主张上面，是针锋相对的，都认为自己比对方更正确，所以在进行政治斗争的时候，两人一点都不客气，可以说是死对头了。

在王安石获得胜利，当上宰相的时候，皇帝曾经问过他对司马光的看法，本来以为王安石会说些司马光的坏话，没想到王安石却大大地赞扬了司马光，对他的人品和才华都给出了很高的评价，还称赞司马光是"国之栋梁"。正是因为王安石的欣赏，虽然司马光在这场和王安石的政治斗争中打了败仗，却也并没有落到非常悲惨的地步，日子过得还算舒服。

王安石的政治改革引起了很多人的不满。所以这些人就去跟皇帝说他的坏话。虽然皇帝本来是十分相信王安石的，但是也没办法，说王安石不好的人太多了，皇帝只能撤销了他的宰相职务，重新让司马光来当宰相。

皇帝又问司马光对王安石的看法，没想到这么敌对的两个人，却都很欣赏对方。司马光非常诚恳地告诉皇帝，王安石是一个忠心耿耿而且心胸宽广的人，既有才华又有品德，很有古代君子的风范！皇帝听完司马光对王安石的评价，不由得感叹道："卿等皆君子也！"意思是：你们两个都是君子啊！

在这个故事中，皇帝赞叹王安石和司马光两个人是君子，这是因为，即便他们在很多方面合不来，甚至在政治意见上是完全相反的，但是他们却依旧从心里认可对方的优点，尊重对方的人品和才华。这不正是孔子说的"人不知而不愠"的典范吗？

接下来，让我们一起来看看《论语》里面的君子风范到底是怎么样的吧！

第十一讲

子曰："君子不重（zhòng），则不威；学则不固。主忠信，无友不如己者。过则勿惮（dàn）改。"（《论语·学而》）

孔子说："如果君子不庄重，那么他就没办法树立威信，做学问也不会坚定。君子应该要信仰忠义和诚信。不跟和自己志向不同的人交往。犯下了过错就要勇敢地去改正它。"

[扩展学习]

● 重：这里的"重"，不是重量、体重的"重"，而是庄重、稳重的意思。这里讲的是一个君子必须要有"重"的态度。我们可以想象一下，班级里有一个非常淘气的孩子，非常闹腾，学习的时候静不下心来，这样一个不稳重的淘气孩子，当然我们不能说他一无是处，也许他有别的优点，但选班长的时候大家大概不会选他。为什么呢？不稳重，也就没有威信，也就不能让其他同学服气。

● 忠信："主忠信"讲的是君子与人相处应该遵守的原则，一个是忠，一个是信。忠，就是忠诚，尽心尽力的意思。信，就是诚信，不欺骗的意思。忠和信是孔子认为君子必须要有的两种重要的品质。孔子的弟子曾参曾经说他每天都要多次反省自己，而他反省的内容就是"为人谋而不忠乎？与朋友交而不信乎？传不习乎？"（《论语·学而》）意思就是替别人办事有没有尽心尽力？和朋友交往有没有诚实守信？老师教给你的知识都温习了吗？可见忠信和学习对君子来讲是多么重要！

● 无友不如己："不如"不是我们今天说的"比不上"或者"要不然"的意思，而是指"不像"。所以这句话可不是说君子没有比不上自己的朋友，而是说君子要跟和自己志向相同的人做朋友。这就是孔子认为的君子在选择和谁交朋友的时候应该有的标准。

● 惮："惮"字的意思是指害怕、畏惧。人们常说"知错能改，善莫大焉"，孔子在这里说的"过则勿惮改"就是君子应该在犯错以后勇敢地主动承认错误并且改正它，而不要害怕面对错误。因为如果一个人没有勇气去面对错误，而是选择逃避的话，那他就永远都没有办法战胜它。

[论而成语]

● 不重不威：表示一个人如果想要获得威仪，获得他人的尊重，稳重的气质必不可少。

第十二讲

子曰："君子不器。"(《论语·为政》)

[译文]

孔子说："君子不像器具那样（只有某一方面的用途）。"

[扩展学习]

● 器：器，就是器具、器物的意思。比如饭碗是用来盛饭的器具，水壶是用来装水倒水的器具。这些器具总是会具有某种用途，所以器也引申出有用，有能力的意思。比如有的家长经常夸别人家的孩子将来"能成大器"，就是说您家的孩子将来会很有才干，会有大用处。

那么，为什么孔子却告诉我们"君子不器"呢？这是因为一个器具尽管有它的用途，但却一定是有局限的，而这对于君子来说是不够的。孔子认为，身为君子，当然得掌握技能，但是却不能够局限于学到一两门手艺就行了，而是要超越具体的器物的作用，把握背后根本的道理，只有掌握了"道"，才能够包容一切器具的用途。

孔子和他的学生子贡曾经有这么一段对话。子贡问曰：

"赐也何如？"子曰："女（汝）器也。"曰："何器也？"曰："瑚琏也。"（《论语·公冶长》）意思就是，子贡问老师："您觉得我这个人怎么样？"孔子说："你像一个瑚琏。"瑚琏是古代祭祀的时候用的器具，而祭祀在古代可是和战争一样重要的国家大事，所以孔子肯定子贡是"瑚琏"的时候，是在称赞他有治理国家的才能，这是表扬的一个方面。但是尽管子贡很有才能，却仍然停留在"器"的层次，也就是说还没有达到君子的标准，这是批评的一个方面。不知道子贡听到老师这样一番评价，是高兴还是难过。

[论而成语]

● 君子不器：一个人的思想格局远大，不仅仅局限于从事某一种技术类工作，而是具有更加宏观的眼光和能力。

第十三讲

子曰："君子无所争。必也射乎！揖（yī）让而升，下而饮。其争也君子。"（《论语·八佾》）

孔子说："君子没有什么可争的事情。如果一定要比试的话，那就比赛射箭吧！比赛开始的时候，相互拱手作揖，然后再上台；比赛结束的时候，（又互相拱手作揖）然后走下台去，一起喝酒。这样的竞争才是君子之争。"

[扩展学习]

● 射：射是儒家的六艺之一，就是礼、乐、射、御、书、数这六种技能当中的射箭。在这里，射指的不光是射箭，也是指古代射箭比赛的礼仪。大射礼规定两个人分为一组，相互拱手作揖，表示礼让以后，登上赛场。两个人都射完箭以后，也要相互作揖，然后再退下。当各组都射完后，再一起喝酒。这是一种非常有风度、非常友好的竞争，所以孔子才说"君子无所争。必也射乎"。

● 揖："揖"字的左边是一只"手"，右边是一个"口"和一个"耳"，表示嘴巴和耳朵之间的地方，所以"揖"字的意思就是把双手举到嘴巴和耳朵之间那个高度的位置，就有了拱手行礼的意思。这是一种用来表示尊敬和礼让的姿势。就好像今天我们看到自己的老师和长辈，也总是会微微弯腰或者鞠躬表示尊敬一样，古时候的人们就是通过作揖来表示尊敬和礼让的。

●君子之争：君子是谦虚礼让的，因为君子总是相互谦让，所以君子不会跟别人发生争斗，不会为了无关紧要的事情和别人斗得头破血流。

那么君子是不是就不能争了呢？也不是。君子之争是用文明的方式展开竞争，那就是在体育竞技场上一争高下。孔子在《论语》里所讲的"必也射乎"，就是指当时的射箭比赛，相当于我们今天的各种体育比赛。比如说足球比赛，比赛开始之前，双方运动员入场，很有礼貌地握手，表示友好。但是一到比赛开始，大家就开始积极拼抢，毫不相让。方式是文明的，竞争是激烈的，既锻炼了身体，又增进了友谊，这就是所谓的"君子之争"。

[论而成语]

● 必也射乎：字面的意思是比试射箭，同时可以用来表达通过体育比赛的方式开展文明的竞争。

第十四讲

子曰："质胜文则野，文胜质则史。文质彬彬，然后君子。"
(《论语·雍也》)

[译文]

孔子说："质朴多于文饰，就会显得粗野；文饰多于质朴，就会显得虚浮。文饰和质朴搭配得适当，这才是个君子啊！"

[扩展学习]

● 文质彬彬：这里孔子谈论的是君子的气质和修养问题。他认为，一个君子应该是文质彬彬的。文，指的是文采、修饰。我们可以理解为一个人对外在的行为、礼节、文采等方面的修饰和讲究。而质，就是一个人内在本质的纯真和朴实。孔子是说，一个人的本性虽然纯真朴实，但是如果他不怎么注重文采和修饰，就会显得粗野。相反的，一个人如果注重外在的文采和修饰，超过了他对于纯真朴实的本性的追求，那么，这个人是很虚浮，很表面化的。这两种人，都不能成为君子。

如果文和质两个方面结合在一起，而且搭配得恰到好处，这才是一个君子的样子！

[论而成语]

● 文质彬彬：形容一个人既真诚质朴，又很有文化修养。一般情况下也可以用来形容一个人的言谈举止非常文雅。

第十五讲

子曰："君子博学于文，约之以礼，亦可以弗畔（pàn）矣夫！"（《论语·雍也》）

[译文]

孔子说："君子广泛地学习古代的文化典籍，又用礼来约束自己的行为，也就可以不至于离经叛道了。"

[扩展学习]

● 在这里，孔子讲的是君子德行要和才华相匹配的问题。

君子"博学于文"，就是要不断学习，积累知识，提高自己的文化水平。但是光是博学还不行，孔子强调，君子在博学的基础上，必须要用礼来约束他的行为。其实，这就是要求君子的道德品行要能够符合社会的标准，因为只有这样，一个人的才华才能够用在正确的地方，才能给社会带来好处。

在孔子的时代，"礼"不是"礼貌"的意思，而是行为规范的意思，有点接近于我们今天所说的法律。所以孔子要求君子除了要增长自己的知识，提升自己的能力外，还要用礼来约束自己的行为。要做一个有道德、有规范的，合"礼"的人。只有这样的人，才能为社会做贡献，才称得上是真正的君子。所以，学习知识的确很重要，但是同时也要做一个遵守行为规范的有道德的人，只有做到这样才是真正的正人君子。

[论而成语]

- 博学于文：形容一个人很有学问，知识储备很丰富。

第十六讲

子曰："君子成人之美，不成人之恶。小人反是。"（《论语·颜渊》）

[译文]

孔子说："君子成全别人的好事，不促成别人的坏事。小人却总是做相反的事情。"

[扩展学习]

● "成人之美"是个常见的成语，意思是帮助别人实现他美好的愿望，成全他的好事。成人之美是大家所追求的一种美好的个人品德，看起来是一件理所当然的事情，但是在实际的生活中却很难做到。因为我们每一个人的天性中都有一种缺陷，这种缺陷叫作"嫉妒"。

什么叫作嫉妒呢？就是看到别人比自己优秀心里就不舒服，不管是学习、工作、赚钱、外貌还是其他方面，看到自己不如别人，很多时候我们心里涌现起的第一个感觉就是嫉妒。因为嫉妒，所以我们内心当中常常这样想：如果别人没有那么优秀该有多好啊！嫉妒是人的一种天性，这并没有什么值得羞耻的，嫉妒的本质是因为我们每一个人都希望自己是更加出色、更加亮眼的那一个。

但是，教育的目的就是放大人类天性中善的一面，克制或者剔除天性中恶的一面。嫉妒是一种自然天性，但是属于不好的天性，需要我们去战胜它。能够克服，就是君子；不能克服，甚至反过来放大不好的天性，就是小人。孔子所说的"成人之美"，就是克服嫉妒天性的一种表现，它使得别人好上加好，自己非但不会因此感到不舒服，反而会由衷地为别人的好事而感到高兴。这样的人生境界，需要我们在漫长人生道路中慢慢修行。

[论而成语]

- 成人之美：帮助别人实现愿望，或者帮助别人达成某种成就。

第十七讲

子曰："君子耻其言而过其行。"(《论语·宪问》)

[译文]

孔子说："君子认为说得多而做得少是一件可耻的事情。"

[扩展学习]

● 这一条讲的"言过其行"，是"敏于事，慎于言"的对立面。孔子认为，君子应该要少说废话，多干事。少说多做，这是君子应该有的一种良好的态度和习惯。话说得再多，再好，再漂亮，假如你不去做，不去实践它，那么也都是虚的。无论什么时候，一个人如果说的比做的多，或者说的很夸张，完全超过自己的实际能力，那么都会给人留下不老实的印象，别人也不会相信你、喜欢你。所以说，一个君子，一定不能做一个言行不一的人。俗话说"言语的巨人，行动的矮子"，就是指"言过其行"的人。所以我们都要努力做一个敏于事的行动上的巨人。

● 言过其行：一个人说大话，实际的能力比夸下的海口要小得多。

第十八讲

子曰："君子义以为质，礼以行之，孙（xùn）以出之，信以成之。君子哉！"（《论语·卫灵公》）

[译文]

孔子说："君子把道义当作根本，按照礼来实践它，用谦逊的态度来表达它，依靠诚信来完成它。这就是君子啊！"

[扩展学习]

● 在这里，孔子讲出了君子处事的根本原则，就是坚持"道义"。那么要怎么样去坚持"道义"呢？孔子又提出了三种正确的途径，第一种是君子要依照礼的标准去践行它。这是因为义必须在礼的规范内，才能发挥正确的作用。就好像你的好朋友被人欺负了，然后你为了帮朋友出头，回过头把别人也给欺负了。表面上看起来帮助朋友是坚持"道义"，但这是不对的，因为这不符合礼的规范。所以，我们在实践"道义"的时候一定要想想自己这样做符不符合规章制度，是不是在礼的范围之内。

第二种是君子要用谦逊的态度去表达它。在《学》的专题里，我们已经学过君子应该要"敏于事，慎于言"，君子在说话和做事方面对自己的要求是非常高的，对于自己不能确定或者负责的话，君子是不会说的。而在这里，孔子又教给我们，君子对于自己的美好品行，也是用谦逊的态度来表达的，对于自己讲道义的美好本质，始终是抱着谦虚的态度，而不是整天把它挂在嘴边，用来炫耀。假如一个人整天夸自己讲道义，那么这样的人往往不是真正有"义"的。君子的"义"，是发自内心，是用行动来证明，而不是高调地去谈论它。

第三种是君子要依靠"信"来完成它。礼是给义划下了一道正确的界线，而谦逊是对君子在对待义的态度方面的要求，这些最终都要依靠"信"来完成。这是因为所有的品质和言语最终都要通过行动的验证才能算是真正完成了。君子讲义，还是要用诚实的态度去实践它，才算是完成了"义"。

所以说，君子把义作为他的根本，还要在礼、孙（逊）、信的条件下去实践它才行。

第十九讲

子曰："君子不以言举人，不以人废言。"（《论语·卫灵公》）

[译文]

孔子说："君子不因为一个人一句话（说得好听）就提拔他，也不会因为一个人有缺点就不听取他说的正确的话。"

[扩展学习]

● 孔子告诉我们，对待人和事的判断要全面、客观。在选拔人才的时候，不能够只听他说的话好不好，还要看他的人品好不好；而在听取意见的时候，也不能够只因为这个人有某些方面的缺点，就把他提出的正确意见给否定掉。

这就好像班级里在竞选班长的时候，许多参与竞选的小朋友都会说自己做了班长以后要怎么样带领大家好好学习，天天向上，要怎么样助人为乐。也许这些竞选时说的话只是为了让别的小朋友们给他投票做班长而已，能不能相信这些话，还是要看这个小朋友平时是不是一个热爱学习，诚实守信，又很乐于助人的人。又假如班级里正在为文艺演出收集创意，那些平时不爱学习，调皮捣蛋的孩子反而更能够提出有趣的节目想法，这个时候，我们可不能够因为他们的缺点突出，就故意不赞同他们的创意。

所以当君子在听取言论的时候，会把一个人的人品和他说的话分开来看待，在不同的时候，会有不同的听取标准。这才是正确对待言论的方法。

[论而成语]

- 以言举人：根据言论来举荐人才。后世在使用这个成语的时候和《论语》原本的意思稍有差别。《论语》里这个句子含有贬义，而后世单独使用的时候可以表示一种人才选拔制度。

- 以人废言：因为不喜欢一个人或者这个人身上的缺点，就否定他所说的所有意见。又被称为"因人废言"。

第二十讲

孔子曰："君子有九思：视思明，听思聪，色思温，貌思恭（gōng），言思忠，事思敬，疑思问，忿（fèn）思难（nàn），见得思义。"（《论语·季氏》）

[译文]

孔子说："君子有九个方面的考虑：看的时候，思考一下自己看明白了没有；听的时候，思考一下自己听清楚了没有；脸上的神色表情，考虑是不是温和的；对于自己的容貌和态度，考虑是不是够恭敬；说话的时候，思考一下内心是不是忠诚老实；做事的时候，思考一下是不是严肃认真；遇到疑问的时候，考虑怎么样向别人请教；快要发怒的时候，想想这样做之后会有什么困难和麻烦；看见可以得到的东西时，想想这是不是自己应该得到的。"

[扩展学习]

● 这一则语录孔子谈论了九个方面，非常全面地讲到了一个人说话、做事和做人的各个方面的规范。首先是视思明，这讲的是君子要看得清楚事物的本质，而不是说君子的视力很好。也就是说，君子要能分辨清楚事情的真假和对错，要看清楚一个人的本质好坏，这里的明，是看在眼睛里，明亮在心里。

● 听思聪，讲的是不要听到什么就相信什么，要听得聪明，在听的同时要去思考，要有自己的判断。因为同一件事，同一样东西，每一个人的理解方式不一样，表达方式也不一样，所以一定不要听到什么就相信什么，而是要学会自己去思考，分辨自己听到的哪些话是值得相信的。俗话说"谣言止于智者"，其实就是在说，聪明的人拥有能够独立思考自己听到的话的能力，能够做到"听思聪"。所以我们千万不要听到别人说一个人的坏话，就轻信这个人不好，而是要自己通过观察和相处以后才能得出结论。

● 色思温，色，就是脸色、表情。温，就是温和。有一个成语，叫"察言观色"，意思就是仔细观察别人的话语和表情，就能够去猜测对方心里的想法和感受。所以，他的表情通常是很温和的，给人一种非常平和、非常亲切的、舒服的感觉，因为他的心胸是非常宽广的，是很包容的，总是在平静地体会他人的想法和情绪，不会一遇到什么事情就变了脸色，这也是君子的风度。

● 貌思恭，不仅仅是外在容貌和表面态度上的恭敬，更加重要的是，君子要真诚地对待别人，要发自内心地尊敬别人。这也是君子谦虚的体现。因为只有你真诚地尊敬别人，才能得到别人的尊敬。

● 言思忠，就是君子说话，不仅要对自己说出口的话负责，也要对听这些话的人忠诚，同时也要对自己的内心负责。

● 事思敬，就是对待事情，要尽心尽力，不能用一个随随便便的态度去对待。

● 疑思问，不仅是讲君子遇到问题要勇敢地去请教别人，同时也是在讲向别人请教的方法很重要。假如我们去向同学或者老师请教问题，记得一定要注意礼貌。

● 忿思难，这一点讲的是君子要学会克制自己的情绪，在发怒之前想一想这样做可能会有哪些后果。有的人不会控制自己的情绪，经常因为别人一句话就生气了，从来不考虑接下来的事情。这一点是非常重要的，在和朋友相处、和长辈相处、和家人相处的时候，都需要好好地克制自己的情绪。因为随意地生气，不仅会伤害别人，还有可能给自己带来麻烦。

● 见得思义，讲的是君子不能够看见利益就忘记了道义。这里的"得"，是"利益"的意思。"见得思义"的反义词是"见利忘义"。

一个君子，永远把坚持道义当作自己立身处世的根本。所以当他看见那些能够得到的利益时，他会保持冷静，首先会去思考这是不是他应该得到的，如果他得到了，是不是符合道义。如果不符合，哪怕这个利益再大，再诱人，君子也是不会要的。就像《论语》里孔子说过的另一段话："不义而富且贵，于我如浮云。"（《论语·述而》）意思是，如果做不符合道义的事情能够让我获得荣华富贵，那么这样的荣华富贵对于我来说就是过眼云烟，根本不值得去追求。

曾参，南武城人，字子舆。少孔子四十六岁。

孔子以为能通孝道，故授之业。作《孝经》。

孝这个字，上面是一个"老"字的上半部分，下面是一个"子"字。古文字里面的"孝"字的形象，看起来就像是一个年轻人背着一位头发花白的老人。所以"孝"字就是指年轻的儿女们用心帮助、爱护年纪大的父母，也就是我们今天说的"孝顺"的意思。

百善孝为先

曾参，字子舆，是孔子的一位优秀的学生，以孝顺父母而闻名。孔子根据他的这个特点，特别传授他孝道思想。曾参根据老师的传授写成了《孝经》，对后世影响非常大，所以他也被后人尊称为曾子。

有一天，曾参在地里锄瓜，不小心斩断

了瓜的根。他的父亲曾皙非常生气，举起一根大棍就打向他的背。曾子摔倒在地上晕了过去，过了很久才苏醒过来。曾子醒后，先问候他的父亲："刚才我得罪了父亲大人，您为了教导我而用力打我，您没有受伤吧？"然后退下去回到房里，边弹琴边唱歌，想让父亲听见以后知道他的身体仍然健康，不要为他感到担心。

孔子听说了这件事情感到非常生气，告诉弟子们说："如果曾参来了，不要让他进来。"曾参不知道自己犯了什么错，就托人向孔子请教。孔子说："从前舜侍奉父亲，父亲使唤他的时候，他总在父亲身边，但是当父亲要杀他，却找不到他。父亲轻轻地打他，他就站在那里忍受，父亲用大棍打他，他就逃跑。因此他的父亲没有背上不义之父的罪名，而他自己也没有失去为人之子的孝心。现在，曾参侍奉父亲，父亲朝死里打他，他也不躲避。他如果真的死了，就会陷他的父亲于不义。相比之下，哪个更为不孝？"曾参听说了这些话，才认识到了自己的错误。

曾子一心想要孝顺父亲，可是盲目地顺从，却反而会害了父亲，自己也变成了不孝子。所以实际上，真正做到"孝"可不是那么简单的。而且，在孔子的时代，"孝"的含义是非常丰富的，不仅仅是顺从父母这么简单。更重要的是，孔子还区分了什么是真正的孝，什么是虚假的孝。他认为真正的"孝"，光是有表面上的"孝行"是不够的，更重要的是一颗真诚的"孝心"。

现在，我们来跟随孔夫子和他的学生一起学习吧！

第二十一讲

有子曰："其为人也孝弟（tì），而好犯上者，鲜（xiǎn）矣；不好犯上，而好作乱者，未之有也。君子务本，本立而道生。孝弟也者，其为仁之本与（yú）！"（《论语·学而》）

[译文]

有子说："如果一个人孝顺父母，敬爱兄长，却喜好触犯他的上级，这样的人是很少见的。不喜好触犯上级，却喜欢造反作乱的人是没有的。君子做事情致力于根本，根本确立了，道也就产生了。孝顺父母、敬爱兄长，这就是仁德的根本吧！"

● 有子名叫有若，鲁国人，是"孔门七十二圣贤"之一，比孔子小四十三岁。在孔子去世以后，孔子的学生们非常思念他，因为有若的外貌长得很像孔子，同学们就把有若当成是孔子的替身，把他当成老师在世那样来尊重他。

● 有若认为人们如果能够在家中对父母尽孝，对兄长顺服，那么他出门在外也能够服从上级，对国家尽忠。可以说，有若在这里将孝弟（悌）当作仁德的根本，是正确理解了孔子的伦理思想的。

在春秋时代，整个社会是从天子、诸侯到大夫这样一种从上到下的政治结构，它的基础是封建的宗法血缘关系。而孝悌就因此变得十分重要，甚至可以说和社会的安定有直接关系。打个比方来说，在一个古代的大家族里面，爸爸就相当于是家里的天子，哥哥是他的继承人，弟弟则会被分封为诸侯，还有一些亲戚都可以根据和爸爸血缘的远近分到不同等级的官职。假如这一家非常和睦，大家都很孝顺父亲，弟弟也很听哥哥的话，那么家里就会很和平。相反的，假如子女们天天想着顶撞爸爸，弟弟也一直要跟哥哥争宠，那么家里就会时常闹矛盾，不得安宁。

孔子正是看到了这一点，所以才提出"入则孝，出则弟

（悌）"（《论语·学而》），就是一个人首先要做到孝顺父母，敬爱兄长，之后再谈别的品德。有若根据老师教的内容，进一步指出，一个人在家做到了孝悌，社会上就不会发生"犯上作乱"的事情，整个国家才能够获得安定。这是非常符合当时社会的道德要求的。这放在今天来看也有一定的道理，只有家里和睦安宁了，爸爸妈妈才能更加精力十足地工作，为社会做更多贡献，小朋友们的身心发育也会更加的健康。每一个小家都幸福安宁，社会这个大家庭才能和谐进步。

[论而成语]

● 君子务本：强调一个有修养、有能力的大人君子，总是会抓住立身处世的根本去磨砺自己。

第二十二讲

子曰："弟子入则孝，出则弟（tì），谨而信，泛爱众，而亲仁。行有余力，则以学文。"（《论语·学而》）

[译文]

　　孔子说："一个人身为弟弟和儿子，进了家门，就要孝顺父母；出门在外，就要顺从兄长，说话做事都要谨慎，要诚实守信，要广泛地去爱众人，并且亲近那些有仁德的人。这样几点都实践了以后，如果还有多余的精力，就再去学习文化知识。"

[扩展学习]

　　● 孔子在这里提出了年轻人待人接物以及学习上应该做到的几件事，他要求弟子们无论在家还是出门在外都要孝敬父母，尊重兄长，敬爱师长，言行谨慎并且诚实守信，广泛地关爱民众，亲近有仁德的人。做到这六点以后，如果还有时间和精力，那么就可以用来读书学习文化知识。

　　从中我们可以知道两件事情。第一件就是孔子的教育是以道德教育为中心的，重在培养学生的德行修养，而对于书本知识的学习，则摆在第二位。他提出的七件事情里，前面六件都属于做人应该具有的品德修养，而文化学习是放在最后边的。可见孔子主张人生在世，应该先学做人，再做学问。

　　这一点对于现在的教育来讲也是很有意义的。当今教育虽然也讲究道德培养，事实上却偏重于学生的文化教育。不仅是学校，很多家长也是这样，只关心孩子的学习成绩好不好，却经常忽视孩子的道德教育，这是不对的。在今天，我们也不能把学习做人和学习知识截然分开，而是要两个方面同时把握，不仅要有良好的道德品行，同时也要有优秀的文化水平。

第二件事情是在孔子提出的几项道德品行里，最基础也最重要的就是"孝"。"弟子入则孝"是孔子首先提出的一点，这是因为"百善孝为先"，一个人只有遵守孝道，他才具有了做人的根本。

[论而成语]

● 行有余力：一个人在做好本职工作的前提下，还有多余的精力去从事其他有意义的事情。

第二十三讲

子曰："父在，观其志；父没（mò），观其行；三年无改于父之道，可谓孝矣。"（《论语·学而》）

孔子说：“（评价一个人是不是真的孝顺）当他父亲在世的时候，要观察他的志向；在他父亲去世以后，要观察他的行为；如果他很多年都不改变他父亲的正确的行事原则，这样的人可以算得上孝了。”

[扩展学习]

● 孔子提出了评价一个人是不是孝顺的标准。首先是看他父亲还活着的时候，他的志向怎么样。其次是看在父亲去世以后，他的行为怎么样。如果他许多年都不改变父亲一生正确的行事原则，这样就是一个孝子。也许现在很多人看起来，这样的观念是非常僵化的，尤其是“三年无改于父之道”，很多时候被认为是一种愚昧的孝。

这里我们必须要补充说明一下，《论语》里，乃至于整个中国古代传统文化中谈到“道”这个字，字面上有些时候可以翻译成规矩、主张，或者行事原则，但是它一定包含了一个隐藏意思，那就是正确的行事原则才能叫作“道”。不正确的行事原则叫作“无道”。所以有些人会问：父亲做得不对的地方是不是也不能改变？这个问题其实很好回答，做得不好的就不叫作“道”。

"父没，观其行"其实是在考察当子女失去父母的管教，言行自由以后，他是不是在内心中认同已经去世的长辈，把他生前的教导牢牢记在心里。从更深一层的角度来说，我们每个人都在父母的言传身教之下长大，如果一个人的行事原则和父母的行事原则完全不同，说明他的内心和父母是非常抵触的，也就不是真正的孝顺。

第二十四讲

孟懿（yì）子问孝。子曰："无违。"

樊（fán）迟御（yù），子告之曰："孟孙问孝于我，我对曰，无违。"樊迟曰："何谓也？"子曰："生，事之以礼；死，葬（zàng）之以礼，祭（jì）之以礼。"（《论语·为政》）

[译文]

孟懿子问孔子什么是孝，孔子说："孝就是不要违背（礼）。"后来樊迟给孔子驾车，孔子告诉他说："孟孙问我什么是孝，我回答他说'不要违背（礼）。'"樊迟说："这说的是什么意思呢？"孔子说："父母活着的时候，要按照礼来服侍他们；父母去世以后，也要按照礼来埋葬他们，祭祀他们。"

[扩展学习]

● 孟懿子是鲁国的贵族。他的父亲孟僖子非常敬仰孔子的学问，认为孔子在礼制方面的造诣可以称得上圣人，于是在临去世之前要求孟懿子拜孔子为师，跟随孔子学习礼制。孟懿子也是后来儒家学说另一位大师——孟子的六世祖。这里顺便说一下，孟子和孔子之间除了有这一层渊源以外，还有另外一层关系。孔子到孟子之间的学术传承关系是：孔子传曾参，曾参传子思（孔子之孙），子思传孟子。所以说孟子也算是孔子的第三代传人。

● 樊迟是孔子的一位优秀学生。樊迟从小家境贫寒，长期从事体力劳动，后来参军立下战功。在这段对话中，樊迟并没有向孔子提出问题，但孔子在他为自己驾马车的时候，主动为他讲解关于孝道和礼制之间的关系。可见孔子是一位随时随地为学生营造教育环境、诲人不倦的好老师。

● 在这段对话中，孟懿子向孔子请教什么是"孝"，孔子在他的回答中对"孝"进行了解释，告诉他"孝"就是不要违背父母的意愿。因为孟懿子主要跟随孔子学习礼制，所以孔子是从礼制这个角度来回答他的问题。所谓礼制，就是规矩、制度。子女服从父母、下级服从上级，是中国古代礼制的核心思想。

● 事之以礼：一个人侍奉父母，或者为上级效劳，总是能够依据礼制的要求行事。

第二十五讲

孟武伯问孝。子曰："父母，唯其疾之忧。"（《论语·为政》）

[译文]

孟武伯向孔子请教什么是孝。孔子说："做父母的人，最担心的就是孩子们会生病了。"

[扩展学习]

● 孟武伯出生在鲁国的贵族家庭，是孟懿子的儿子。他向孔子请教什么是孝，孔子的回答是"父母唯其疾之忧"。父母一心为儿女的疾病感到担忧，这不是在说父母对子女的关心和爱吗？又怎么会是孝呢？

其实，孔子是在说："你要问什么是孝，就想一想你生病的时候，父母为你担忧的那种心情吧！这样你就会知道怎样向父母尽孝了。"再说得明白一些，就是父母对子女的爱护之心是没有办法克制的，他们时时刻刻都在为你担心，就好像小朋友们经常会觉得爸爸妈妈很唠叨，什么都要管。其实爸爸妈妈的唠叨，都是出于对子女的爱，才会难以克制地为孩子的一切都感到担忧。尤其是当小朋友生病的时候，全世界的爸爸妈妈都是一样的急切。

孟武伯出生在贵族家庭，是一个比较骄纵、奢侈、放荡的人，生活很不检点，因此孔子的回答非常巧妙。他其实是在委婉地告诉孟武伯，你身为子女，要去体会父母的爱心，并且用同样的心情来对待父母。除了疾病是没有办法避免会让父母感到担忧之外，不能再有别的事情再让父母来操心了，这就是子女的孝。所以小朋友们慢慢长大，要变得更加懂事，学会处理好自己的事情，不要再让自己的爸爸妈妈为自己操那么多心了，这样才是真正孝顺的好孩子！

第二十六讲

子游问孝。子曰："今之孝者，是谓能养。至于犬马，皆能有养；不敬，何以别乎？"（《论语·为政》）

[译文]

子游问孔子什么是孝，孔子说："现在大家所谓的孝，是说能够奉养父母便足够了。然而，就连狗和马都能够得到饲养。如果不能尊敬父母的话，那么奉养父母和饲养狗、马就没办法区别开来了。"

[扩展学习]

● 子游，姓言名偃，字子游。子游是孔子的学生中唯一的一个南方人，在《史记·仲尼弟子列传》的记载中，子夏和子游的文化水平在孔门弟子中并列第一。后来，他把孔子的学说带去了南方，使得孔子学说在南方传播开来。

● 在孔子所处的时代，不能说孝道思想还没有产生，毕竟"孝"这个字在西周就已经出现了。不过在当时，很多人理解的"孝"，是认为只要给年老的父母提供食物，就算是孝顺了。为什么那时候的人们这么想呢？两千多年前的古代和现代不一样，那个时候不像现代社会有养老退休金，一个人年老了之后，失去了劳动力，也就失去了生活来源，必须要靠年轻的子女劳动来养活。而那个时代的农业生产技术是很不发达的，粮食生产的数量很有限，供养老人的压力比现代社会大很多。所以说在那个年代，光是为老人提供食物就已经是一件需要付出很多努力才能实现的事情，也是一件不容易的事情。

但即便如此，孔子为"孝道"思想赋予了更高的要求，他提出，人比狗和马这样的动物高级，是因为我们还有更高的精神追求。普通的动物都知道要反哺父母，人应该做得更好才对。所以孔子提出，孝顺父母不仅要赡养他们，还要给父母足够的尊敬，这是人类文明高度的体现。

第二十七讲

子夏问孝。子曰："色难（nán）。有事，弟子服其劳；有酒食，先生馔（zhuàn），曾（zēng）是以为孝乎？"（《论语·为政》）

子夏向孔子请教什么是孝。孔子说："（子女尽孝）最难的就是对父母和颜悦色。遇到事情，由年幼的人替年长的人去做；有了美酒和食物，让年长的人先吃，你以为做到这些（而不给予父母好脸色）就算是孝顺了吗？"

[扩展学习]

● 这一则语录里，孔子说到了子女尽孝最难做到的一点，那就是"色"。色，原本是脸色、表情的意思，在这里指的是和颜悦色。所以"色难"的意思就是子女在面对长辈的时候，脸上时刻保持亲善与开心的表情，这是尽孝最难做到的事情。

其实光看"色难"两个字，我们理解起来会有些困难。我们可以结合第三讲中的"敬"来帮助理解。子女替长辈做事，有好东西先给长辈吃，这两种都属于孝的表现，都是"孝行"，还停留在"奉养"的层面上。而孔子说的"色难"，其实就是"敬"。行为可以假装，但是心情却很难假装，一个没有孝心的人，是做不到时时刻刻都用一张笑脸面对父母的，只有真正从心底里敬爱父母的人，才能做得到。

我们前面讲到过子夏是个超级学霸，虽然很有才华，很聪明，但是性格却比较执拗。在《论语》中，我们会看到很多地方孔子都是在引导子夏完善道德品行，而不是鼓励他学习。所以孔子回答子夏提出的关于"孝"的问题，跟回答其他人的问题是不一样的。所谓"色难"，也是在有针对性地告诫子夏：不要以为仅仅是为父母做了事情，以及给了父母好的食物就自认为已经尽孝，最重要的是发自内心地尊重父母，时时给予父母好的态度。

[论而成语]

● 弟子服其劳：《论语》中这句话的原意是指晚辈对长辈尽力效劳。"弟子"在这里泛指晚辈。后世在使用这个成语的时候，可以用来表示学生为老师尽力效劳，"弟子"转义为学生的意思。

第二十八讲

子曰："事父母几（jī）谏（jiàn），见志不从，又敬不违，劳而不怨。"（《论语·里仁》）

孔子说：“（子女）侍奉父母，（如果觉得父母有不对的地方）要委婉地劝说他们。见到父母不愿意听从自己的意见，还是要对他们恭恭敬敬，并且不违背，替他们多操劳却不感到怨恨。”

[扩展学习]

●"几谏"不是指几次或者多次向父母提出建议，而是指对长辈温和且委婉地劝告。"几"（jī）有细微、微小的含义，用在这里，就是指态度委婉、含蓄的意思。

孔子在这里提出"事父母几谏"，包含了两层意思。第一层意思，就是虽然子女侍奉父母，应该要听他们的话，尽可能地顺从父母，但是当父母有不对的地方，作为子女也必须要指出来，要劝告父母。如果盲目地顺从，反而会害了他们，造成更严重的后果，这样做反而是不孝的体现。

第二层意思就是子女劝阻父母的方式必须是温和的、委婉的。说得浅显一点，就是有话好好说。我们可能都有过这样的体会，当你犯错的时候，如果别人非常严厉地批评你，你会觉得很难接受，很不想承认错误，更不用说改正它了。但是如果批评你的人是非常温柔和耐心地告诉你，你哪里做错了，为什么做错了，以后应该怎么做，很多时候我们就愿意接受了。所以，作为子女就更要加倍诚恳和委婉地去向父母表达自己的看法。

● 当你表达了自己的意见以后，父母不一定会听你的。那么这时候子女应该怎么做呢？孔子认为，子女依然要认真对待父母的事情，要尊敬父母，哪怕你心中对这件事情继续感到担忧，也不要去顶撞和违抗他们。假如最后出现了什么问题，你也要尽心尽力地去解决，收拾残局，心里面不能有任何怨恨。这就是当子女跟父母发生意见冲突的时候，孔子给出的建议。

[论而成语]

● 劳而不怨：虽然工作很辛苦，自己很疲劳，但并不抱怨，仍然兢兢业业做好自己的事情。

第二十九讲

子曰："父母在，不远游，游必有方。"（《论语·里仁》）

孔子说："父母还活着的时候，不出远门；如果不得不出远门，也必须告诉父母自己所去的地方。"

[扩展学习]

● 在孔子生活的两千五百年前，交通不像现在这样方便，通信也很困难，只能靠写信，不仅时间久，收件人还不一定能收到。如果子女要长时间在外，那么父母就会整天为他们感到担心，也会非常思念他们。而且那个时候的医疗水平和生活水平都很低，人们的寿命也不长，父母年纪大了，在家里如果出了什么事，孩子很难及时回到家帮助和照顾父母，很多父母可能连孩子最后一面都见不上就去世了。所以孔子说"父母在，不远游"，也是出于对父母的敬爱和关心。

但孔子并不是片面地要求子女在父母活着的时候一定不能出去。"游必有方"一句正是在表达孔子其实不反对当一个人在有了正当明确的目标以后外出奋斗的。这里需要注意是，"游"是有前提的，不得已要出远门的前提是你得有正当的以及明确的人生目标要去追求，而不能够无目的、只是为了自己能出去闯荡游玩就要离开父母。

父母是需要我们陪伴、照顾的，假如没有明确的、正当的人生志向要去实现，就尽量在父母健在的时候多陪伴他们。但是，假如你坚定了自己的梦想，也要勇敢地去追求，只是在外面奋斗的时候，也要时刻记得家里的父母，不要忘记常回家看看，多多地和他们联系！

[论而成语]

- 游必有方：青年人出门在外打拼事业，一定要及时告诉父母自己的去向，千万不要让父母担心。

第三十讲

子曰："父母之年，不可不知也。一则以喜，一则以惧。"（《论语·里仁》）

[译文]

孔子说："父母的年纪，（做子女的）不可以不知道。一方面要为他们的长寿而感到高兴，一方面又要为他们的衰老而感到恐惧。"

● 孔子认为，做子女的，不可以不知道父母的年纪。"一则以喜，一则以惧"，喜的是父母高寿，还身体健康地活着，做儿女的现在还有机会可以好好孝敬他们；惧的是父母慢慢地变老，离他们永远离开我们的日子又近了一些，我们还有多少时间能够陪伴在父母身边尽孝呢？正是出于子女对父母深深的敬爱，所以才为父母的高寿而感到开心，又为他们的老去感到十分担忧，这两种感情交织在一起，不分先后，一时间让子女百感交集。

古代医疗水平低下，生活水平也不高，所以人们的寿命都不长，活到四十岁以上就已经算长寿了。今天我们中国人的平均寿命可以达到七十七岁，但是在两千五百年前，像孔子那样活到七十二岁才去世简直就是奇迹。这也许和孔子本人心态好有很大的关系，就像《论语》里孔子说的"知（智）者乐，仁者寿"（《论语·雍也》），意思是，智慧的人活得快乐，对世界充满爱意的人活得长寿。孔子就是这样一位智者和仁者。

冉雍字仲弓。

孔子以仲弓为有德行，曰："雍也可使南面。"

"政"这个字，原本左边是一个"正"，右边是一个"攵"。"攵"是手里拿着棍棒的样子，有管理、治理的意思。而甲骨文里的"正"字，是脚向着目的地走去的形象，有正对着、动作进行中的意思，因为这样做是正确的行为，所以又有正确的、符合规则的意思。因而"政"就是指督促人们的行为符合规章制度，从这里产生出治理国家的意义，又引申为政策、政治等。

专题四

政

孔子的政治生涯

在今天看来，孔子可以算得上是中国文化中的"全民偶像"。但是在孔子生活的那个时代，他可不像现在这么受欢迎，无论是做

官还是做老师，虽然名气不小，可是很多人不喜欢他。在孔子在世的时候，他的政治主张不受重视，所以孔子的政治生涯也很不顺利。

在孔子周游列国的途中发生过这么一段小插曲：

有一天，孔子的学生子路在跟随孔子一起出去周游列国的途中，不小心落在了后面。这时候，他遇到了一位老人，正在用拐杖挑着除草用的工具。子路就问这位老人："请问您有没有看到过我的老师？"老人说："（孔子）手脚都不劳动，五谷也分不清楚，怎么算得上是老师？"说完，老人便把拐杖插进田地里，开始锄草。子路并没有生气，而是拱着手恭恭敬敬地站在一旁。老人看子路态度这么好，就留子路到他家里住一晚，还杀鸡做饭给他吃，又叫自己的两个儿子出来和子路见了面。第二天，子路离开老人家，追赶上了孔子，把这件事情告诉了孔子。孔子听完以后说："这个老人是个隐士啊。"叫子路返回去见他。但是等子路回到那里，老人已经出门了。

子路感叹地说："（有才能的人）不去做官不符合君臣之间的道义。长幼之间的礼节都不能够废弃，君臣之间的大义又怎么能废弃呢？一个人想要在这样的乱世里面保持自己的清白和纯洁，却破坏了君臣之义。君子做官，只是为了实践君臣之间的大义。至于自己的政治理想实现不了，君子心里早就清楚地知道了。"

从这个小故事中我们可以知道：第一，孔子在当时确实名气很大，就连路边耕田种地的老人都认识他。第二，孔子在当时确实不受欢迎。连种地的老人都嘲笑他"四体不勤，五谷不分"，算什么老师。第三，就是子路回到老人家以后说的那一番话，其实是替孔子说出了心里话，那就是他在现实政治中是失败的。

孔子不是说过"君子无所争"吗？怎么自己一辈子都那么想要做官，为了做官辛苦地在各个国家之间来回奔走呢？这是因为孔子在意的不是当官这件事情本身，而是希望通过做官来对国家和社会做贡献。在这样一个乱世，有才能的人如果为了自己的安全和清白，都去做了隐士，不出来为国家干点有用的事，那么天下不就会变得更加混乱吗？有才能的人这样做，看起来好像是洁身自好，实际上却是抛弃了大义。在乱世之中，孔子坚持着自己那套明知不会被接受的政治主张。他对于自己那套以仁、德、礼为核心的政治主张在这个乱世是实现不了的这个事实，心里是很清楚的，只是他没有放弃，没有逃避，而是选择了坚持，选择了逆流而上。他这样的勇气和大义，真是令人从心底里敬佩！

幸运的是，孔子的政治理论虽然在他活着的时候不受重视，他的学说却通过他的学生们传承了下来，并且被他的学生们发扬光大，最终成为中国两千多年来的文化主流。中国古代有"半部《论语》治天下"的说法，《论语》当中所记载的孔子思想通过不断地发展和创新，至今还保持着强大的生命力。

现在，让我们一起来学习《论语》里记载的孔子的为政之道吧！

第三十一讲

子曰："为政以德，譬（pì）如北辰，居其所而众星共（gǒng）之。"（《论语·为政》）

[译文]

孔子说："（君主）用道德来治国理政，就好像北极星一样，它处在一定的位置，而其他星辰就都会环绕着它。"

[扩展学习]

● 北辰：辰是指星辰，而北辰指的就是北极星。由于地球的自转，而北极星差不多正对着地轴，所以看起来相对不动。因为北极星有这样的特性，孔子便拿它来比喻君主，将天下的臣民比作其他的星星，意思是只要国君遵从道德来治理国家，他只需要在其位，就能得到天下臣民的拥戴。成语"众星共（拱）北"说的就是这个意思。

● 孔子主张以德治国，认为统治阶层治理政事应该主要依靠道德约束，而不是严刑峻法。这是因为在春秋末期，社会秩序变得十分混乱，很多国家都主张用暴力镇压来稳定政权。孔子认为这不能在根本上解决问题，他提出用道德伦理引导百姓，教化人民。人们的道德水平提升了，那他们就不仅会以犯罪为耻，还会自觉地遵守行为规范。

[论而成语]

● 众星拱北辰：有才干的人团结在有魄力的领导者周围。又被称为"众星拱北"。

第三十二讲

子贡问政。子曰："足食，足兵，民信之矣。"子贡曰："必不得已而去，于斯三者何先？"曰："去兵。"子贡曰："必不得已而去，于斯二者何先？"曰："去食。自古皆有死，民无信不立。"（《论语·颜渊》）

[译文]

子贡向孔子请教治理政事的方法。孔子说："让粮食充足，军备充足，获得老百姓的信任。"子贡说："如果迫不得已要去掉一项，在这三项中先去掉哪一项呢？"孔子说："去掉军备。"子贡又问："如果迫不得已还要去掉一项，在剩下的两项中先去掉哪一项呢？"孔子说："去掉粮食。自古以来人都有一死，（没有粮食顶多饿死）但是如果没有百姓的信任，国家就不能够立足了。"

[扩展学习]

● 子贡，姓端木，名赐，字子贡。子贡是孔子的学生当中最有钱的一个，是一个超级大富豪。他的生意头脑特别发达，据说他预测经济的发展动向，无一例外，总是能预测对，所以赚了很多钱。同时，他的口才和政治能力也非常出众，《史记·仲尼弟子列传》中记载了子贡一件奇迹般的事情，他以一人之力改变了五个国家的命运，所谓存鲁、乱齐、破吴、强晋、霸越。

子贡虽然在现实生活中赚了很多钱，政治上也很有作为，但是他却心甘情愿拜在孔子门下，追随孔子学习，对待孔子非常尊重，虚心求教。在《论语》中，记录了许多孔子和子贡之间的问答。在这些问答中可以看出子贡机敏的火花，也能看出孔子针对子贡提出的问题，专门为他设计了相应的教学内容。这一对老师和学生真是名师高徒。

● 子贡向孔子请教关于国家政治的问题，这件事本身就很有意思。因为子贡本人在现实政治上是很成功的，而孔子在现实政治中是很失败的。孔子要怎么回答他呢？

孔子的回答非常简明有力，就三条：让粮食充足，军备充足，获得老百姓的信任。前面两条都和经济有关系，应该说都是子贡的强项，而最后一条"取信于民"这件事则是像子贡这种商人不太重视的事。

子贡接下来的提问也很有意思。他先问：这三条里面如果要去掉一个，要去掉哪一个？在《论语》里，子贡很特别的一点是，他经常会追问或者反问孔子，并不是一味地听老师讲。子贡这个问题的言下之意其实很明显，他作为商人，心里想去掉的肯定是那个看不见摸不着的"取信于民"。

可是孔子的回答绕开了子贡的思路。孔子说：先去掉军备。

子贡还不死心，接着又问了第二次：如果还要去掉一个，那去掉什么呢？其实这个时候只剩下两个选项，食物和信用。所有人都知道，没有食物人就会饿死，所以子贡第二次提问的时候，其实是在问"是要活着还是要信用"。

孔子说：去掉粮食。在孔子的心目中，国家的信用高于一切，甚至高于生命。孔子用这样的方式把子贡从商人的思维向更高的政治理想拉过去，让子贡变成一个更大气、更有格局的人。

[论而成语]

- 必不得已：极端的、自己没有更多选择的情况。

- 无信不立：无论个人还是国家，如果没有信用就不能够获得他人或他国的信任，自然也就失去了立身之本。

第三十三讲

　　齐景公问政于孔子。孔子对曰："君君，臣臣，父父，子子。"公曰："善哉！信如君不君，臣不臣，父不父，子不子，虽有粟，吾得而食诸？"（《论语·颜渊》）

[译文]

　　齐景公向孔子请教治理国家的方法。孔子回答道："君要像个君主，臣要像个臣子，父亲要像父亲，儿子要像儿子。"齐景公说："说得对呀！如果说君不像君，臣不像臣，父不像父，子不像子，即使粮食很多，我能吃得着吗？"

[扩展学习]

　　● 齐景公是齐灵公的儿子、齐庄公的弟弟，是春秋时期齐国的君主，有名的晏婴就是他的相国。他在位五十八年，国内的政治相对稳定，然而因为他没有嫡长子（正妻所生的大儿子），所以在他去世以后，他的儿子们展开了非常激烈的权力之争，最终权力落到了大夫田乞的手中。

　　● 孔子用"君君、臣臣、父父、子子"来劝诫齐景公，这也是具有针对性的。作为君主，齐景公既有治国的雄心壮志，同时又贪图享乐。齐景公向孔子请教的时候，齐景公贪图享乐，君王不像个君王。而齐国大夫田乞又趁机在国内将丰厚的钱财分派给百姓，以此来收拢民心，臣子不像个臣子。不仅如此，齐景公一直不立太子，甚至还有废长子、立幼子的想法，父子之间的关系也出现了问题，所以孔子用这八个字来点醒他。

要求君、臣、父、子都要符合角色的要求，按照角色的规范去做事，这是合理的。说得简单点，就是小朋友要有小朋友的样子，大人也要有大人的样子，每个人的言行举止都要符合自己的身份，要得体。只有这样做，社会才不会因为失去秩序而变得一团糟。孔子说这番话，是要求摆正人和人之间的关系，这样才能保持社会的和谐，并没有要求谁要绝对服从谁。可惜的是，齐景公虽然认为孔子说的有道理，却没有这样做，所以最后齐国仍然落到了田氏的手里。

所以不要以为孔子当时的政治生涯不顺利就小看他。很多时候，孔子会站在更加长远的眼光看待政治问题，齐景公就是没有听孔子的话，最后把一国之君的位置都葬送掉了。

第三十四讲

子张问政。子曰："居之无倦，行之以忠。"（《论语·颜渊》）

[译文]

子张问孔子怎么治理政事。孔子说："在岗位上的时候尽心尽力，不要倦怠，执行政令的时候要忠心耿耿。"

[扩展学习]

● 子张是孔子的一位学生，名叫颛（zhuān）孙师，字子张。孔子对他有两个评价，一个是"师也辟"。"辟"就是指子张天生性格比较激进，因为有锐气的人做起事来往往容易开头很用心，很有激情，但是到后来就免不了会懈怠。另一个评价是"师也过"，"过"则是说子张做事情时常做得太过火。

● 面对子张的提问，孔子提出了从政时的两个建议：一是在工作的时候要尽心尽力，不要松懈；二是在执行命令的时候要忠诚。孔子的这两个建议是针对子张的两个缺点提出的。因为子张的性格有点三分钟热度，所以孔子就告诫他当官做事不要倦怠，要有始有终。另外，因为子张做事情容易过火，这在政治上是很危险的事情，容易引发祸患。所以孔子又提点他，告诉他执行命令的时候要忠实，要克制自己，不要做得太过。

孔子对子张的建议也是有普遍意义的。因为我们生活中就存在这样的现象，做事开头往往很有干劲，但是这种干劲要维持下去却很难。就像新官上任都喜欢点三把火，但是时间一久，火就渐渐熄灭了。这也算是人之常情。所以孔子告诫我们，凡事贵在坚持，不忘初心，方得始终。学生对待学习也是一样，不能三分钟热度，要时刻鞭策自己坚持下去，除了精神上不能懈怠，实际做起来也要踏实、尽心，只有这样才能真正走得又快又远。

[论而成语]

- 居之无倦：坚守自己的岗位，不因为烦琐重复而懈怠。

- 行之以忠：忠于职守，对自己的使命负责到底。

第三十五讲

季康子问政于孔子。孔子对曰："政者，正也。子帅以正，孰敢不正？"（《论语·颜渊》）

[译文]

季康子向孔子请教治理政事的方法，孔子回答说："政字的意思就是端正，您自己先带头做到端正，谁还敢不端正呢？"

[扩展学习]

● 季康子，也叫季孙肥，是春秋时期鲁国的正卿。当时鲁国在位的是鲁哀公，王室的权力已经很衰弱，而季氏掌握的权力却很大。他的祖父季平子曾经在家庙的庭院里用只有天子才能用的八佾（yì），即八行八列，共六十四名舞者的规格来奏乐舞蹈，因违反礼制而受到过孔子的批评。而季康子也是一个野心勃勃，不顾君臣之礼的人，所以孔子和他都不喜欢对方。

●孔子非常重视领导者的表率作用，他告诫季康子，"政"就是"正"，想要管好别人，就先端正自己，只有先做到"正己"，才能"正人"。同时也是在提醒他，不要无视君臣之礼，如果你不忠心，臣不像个臣，那么你的下属们也会有样学样，又怎么会对你忠心呢？俗话说"上梁不正下梁歪"，就是这个道理。

"子帅（率）以正"是一种领导者必须拥有的担当，如果领导者自身都不能行得正、坐得端，那么还怎么要求下面的属员端正作风、秉公执法，怎么服众呢？上面的人做得好了，下面人自然也会效仿他们这样去做，那么良好的政治氛围也自然就有了。工作是这样，做人也是这样，当我们对别人提出要求，或者批评别人的时候，记得先检查一下自己有没有做好。记住，要先正己，再正人。

<h2 style="text-align:center">第三十六讲</h2>

子路问政。子曰："先之劳之。"请益。曰："无倦。"（《论语·子路》）

[译文]

子路问孔子怎么治理政事。孔子说："自己在老百姓之前带头做事，然后让他们勤劳地工作。"子路请求孔子多讲一点。
孔子又说："永远不要倦怠。"

[扩展学习]

● 子路，姓仲，名由，字子路。子路是孔子学生中非常
有个性的一位。他的脾气火爆，在没有跟随孔子学习之前还
曾经打过孔子，但是后来被孔子高深的学问深深吸引，成了
孔子最忠诚的学生。子路为人刚直，勇敢，不说假话，富有
正义感，对老师非常尊重，不过有些时候比较鲁莽，有勇
无谋。孔子对子路这个学生非常喜欢，尽管在《论语》中
经常可以看到孔子对子路的批评，但是这些批评都带着满
满的善意和关爱，希望通过这些批评和教诲来帮助子路提
高人生修养。

子路一直遵循老师的教导，终生朝着成为一个君子的目
标而努力学习。最后，子路为了解救国家危难，惨死在敌人
的乱刀之下，他在临死前对杀死他的敌人说"君子就算死，
身上的衣冠也不能凌乱"，于是他整理好衣服和帽子，从容
赴死。

● 先之劳之：所谓"先之"，就是指领导者在使唤百姓
之前自己先带头做事，起到一个表率的作用。宋代政治家、

文学家范仲淹的《岳阳楼记》里面有一句名言，叫"先天下之忧而忧，后天下之乐而乐"，这个"先"的观念，就是从《论语》这里来的。要想别人都能够心甘情愿地为你做事，领导必须要以身作则，做好榜样。

● 孔子向子路指明了"先之劳之"这一点以后，子路又要求老师再多告诉他一点。孔子又追加了一个"无倦"。这和孔子给子张的建议"居之无倦"是一个意思。因为在孔子看来，子路是一个性情非常刚直和勇武的人，文化水平也不高。他曾经评价子路"由也喭（yàn）"，"喭"就是鲁莽、刚烈的意思。像子路这样的人，跟他讲太复杂的政治理论他是理解不了的，所以孔子只告诉他，你就带头多做事，不要松懈就对了。这样的教导，对于子路来说是比较容易理解，也很容易执行的。

第三十七讲

子夏为莒（jǔ）父宰。问政。子曰："无欲速，无见小利。欲速，则不达；见小利，则大事不成。"（《论语·子路》）

　　子夏在鲁国做了莒父县的县长，向孔子请教治理政事的方法。孔子说："做事不要图快，不要只看见（眼前的）小利。如果只图快，结果反而达不到目的；只看见眼前的小利，就办不成大事。"

[扩展学习]

　　● 宰："宰"字由"宀"和"辛"构成。"宀"表示房屋，"辛"字的本义是犯了罪的人。"宰"就是指罪犯关在屋子里，也可以用来指管理罪犯的主管，从这里慢慢产生出主管的意思，后来发展为官吏的通称。春秋卿大夫的家臣和县邑的长官都可称"宰"。

　　● 子夏向孔子请教为政之道，孔子给了他两个建议，一是做事不要贪图快，而是眼光要放长远，这两点合起来，就是不要"急功近利"。我们前面讲到过，子夏是个超级学霸，书读得很好，像子夏这样的聪明人，学什么东西都很快，有些时候就会把学习上这种一帆风顺的心态带到处理政治事务上来，而且有些时候喜欢执着于书本。所以孔子教导他，要耐心一点，看问题要有格局，这也是因材施教。

　　● 欲速，则不达：做事不能只追求速度，急于求成反而干不好事。就像拔苗助长的故事，农夫为了让庄稼长得更快一点，不但不将禾苗四周的草除干净，还把禾苗都往上拔，到最后所有禾苗都死了。这告诉我们，任何事物都有它的规律，做事不能只图快，要有耐心等待事物慢慢发展。

● 见小利，则大事不成：一个人的眼光往往决定了这个人在成功的道路上能走多远。只看得见眼前的小利，那么这个人的目光必然是短浅的，因此注定干不成大事。就好像杀鸡取卵的人一样，为了拿到鸡肚子里的蛋，而将可以一直生蛋的母鸡杀死，因为他只能够看见眼前的利益，想不到长远的以后，这是不对的。只有怀着长远的目标，我们才能够在成功的路上走得更远。

[论而成语]

● 欲速则不达：越是想走捷径，就越难达到自己的目标。最快的捷径就是不走捷径。

第三十八讲

仲弓为季氏宰，问政。子曰："先有司，赦（shè）小过，举贤才。"

曰："焉知贤才而举之？"子曰："举尔所知；尔所不知，人其舍诸？"（《论语·子路》）

[译文]

仲弓做了季氏的总管，向孔子请教治理政事的方法。孔子说："先给各部门的负责人做榜样，不计较他们的小过失，再多提拔优秀的人才。"仲弓说："怎么样去识别优秀的人才，把他们提拔出来呢？"孔子说："只要提拔你所知道的人才；那些你不知道的人才，别人也不会舍弃、埋没他们。"

[扩展学习]

● 仲弓，姓冉名雍，字仲弓。仲弓是孔子的一个优秀学生，他出身卑贱，心里有些自卑，孔子把他比喻成俊美的小牛，并且鼓励他，哪怕出身不好，只要自己努力，也能够成为有用的人才。后来，仲弓成了一个品学兼优、宽宏大量、政治能力出众的人。孔子曾对他有"雍也可使南面"的称赞，意思是他可以做一方的长官。

● 有司：指主管某部门的官吏。"司"有主持、操作、管理的意思，比如"司机"，就是指操作车子的人。古代设立官职，不同的职位会有专门的管理者，所以称作"有司"，也泛指官吏。

● 在这里，孔子交给了仲弓人事管理的三个秘诀，那就是"先有司，赦小过，举贤才"。"先有司"与"先之劳之"的意思是相同的，意思是给各部门的负责人做好榜样，再去命令他们替你分担政事，各负其责，就容易得多了。

"赦小过"则是有利于调动大家的工作积极性，俗话说"人非圣贤，孰能无过"，人犯点小错误也是在情理之中的，如果太过严厉地责备，就会打击到他们。而且一个没有包容力的团队也不会团结一心，那么办事效率就会大大降低。何况身为领导者，抓着别人的小错误不放，大加责备，那么谁还会愿意跟从你。所以，领导者一定要宽容属下的小过失，这就是孔子教仲弓"赦小过"的道理。

"举贤才"就是要重用贤人。那么到哪里去发掘这样德才兼备的人呢？孔子说，你只要把你身边知道的贤才都给提拔任用了，也就可以了。冉雍是一个执政能力很强的人，所以孔子这是鼓励他在"举贤才"这件事上，要充分相信自己的能力和独到的眼光。

第三十九讲

叶（shè）公问政。子曰："近者说（yuè），远者来。"（《论语·子路》）

[译文]

叶公向孔子请教治理政事的方法。孔子说："使近处的人感到高兴，使远处的人前来归附。"

[扩展学习]

● 叶公是楚国的贵族，名叫沈诸梁，他的曾祖父是春秋五霸之一的楚庄王，因为他的封地在叶，故人称叶公。有个著名的成语故事叫作"叶公好龙"：相传叶公十分喜欢龙，衣带、酒器上都刻着龙，房子里雕刻装饰的也是龙。天上的真龙知道后便下降到叶公家里来见他，却把他吓得转身就跑。这是比喻自称爱好某种事物，实际上并不是真正喜欢。故事里的叶公，就是这里向孔子问政的叶公。

● "近者说（悦）"，就是要"得民心"，要让近处的百姓都因为喜悦而拥护你的领导。"远者来"，就是要让远处的人都主动地前来归附你。春秋时期，一个国家是否强大，人口和土地是非常重要的，而叶公所在的叶地，都城小但是附属城却很大，土地广阔但人口却不多，所以老百姓对叶地来说就格外重要。针对这样的国情，孔子给叶公提出的建议就是要想办法增加人口数量，让远近的老百姓都来归附、依靠你，这样人口和土地都充足了，你治理政事也就成功了。

第四十讲

颜渊问为邦，子曰："行夏之时，乘殷之辂（lù），服周之冕（miǎn），乐则《韶》（sháo）、《舞》；放郑声，远佞（nìng）人。郑声淫，佞人殆（dài）。"（《论语·卫灵公》）

[译文]

颜渊向孔子请教怎样治理国家。孔子说："实行夏朝的历法，乘坐殷朝的车子，佩戴周朝的礼帽，音乐就用《韶》和

《武》。舍弃郑国的乐曲，远离谄媚的小人。郑国的乐曲淫秽不正派，谄媚的小人很危险。"

[扩展学习]

● 颜渊，姓颜名回，字子渊，又被叫作颜渊。

孔子有许多学生都很优秀，但如果要问孔子在所有的学生当中最喜欢谁，或者说孔子认为他的学生中谁最优秀，那么答案是唯一的，就是颜渊。

颜渊从十三岁开始跟随孔子学习，属于孔子最早的一批弟子。颜渊家里很贫穷，可是他安贫乐道，每天沉浸在学习的乐趣当中，他从不把自己的情绪发泄到别人身上，只要犯了错误就立刻改正，从来不会犯第二次同样的错误。在《论语》中，孔子提到颜渊的时候总是充满了肯定和赞扬，从来没有批评过他。我们前面讲到过，子夏的学问也非常好，如果说子夏是超级学霸，那么颜渊就是学神级别的人物。

但不幸的是，颜渊的身体不好，很年轻就去世了。颜渊去世的时候，孔子非常伤心，他痛苦着大喊道："这是老天爷要了我的命啊！"由此可见，孔子是把颜渊作为自己的正宗传人来看待的。

● 颜渊向孔子请教治理国家的方法，孔子教给他，只要你能够继承历朝历代政治制度的优点，那样就可以了。如果我们对比在这个问题上孔子对其他学生的回答就会发现，孔子对颜渊实在是非常偏爱。他教给颜渊的东西，上升到了一个国家最高领导者的角度，甚至上升到历史文明的角度，不是执行具体的政治事务这么简单。可以说，孔子是把颜渊当作国家领袖来培养的。

孔子说，一要实行夏朝的历法，这是因为夏朝使用的是自然历，也就是把旧历的正月当作每年的第一个月的历法。这样，历法中春、夏、秋、冬的轮换便十分符合自然现象的更替，也就十分符合古代农业生产的规律，因此孔子认为夏朝的历法比周朝的更加适合农耕社会。二要乘坐商朝的车子，这是因为商朝的车子都是用木头做的，比周朝的更加自然质朴一点，当然也就更加节俭。三则是要佩戴周朝的帽子，因为周朝的衣服和帽子代表着礼乐制度，是文明进步的象征。

接着，孔子又提出"乐"要用《韶》和《舞》，而不要用郑国的音乐。《韶》是舜那个时代的音乐，而《舞》即是《武》，这是周武王那个时代的音乐。孔子曾经评价《韶》为"尽美矣，又尽善也"，《武》为"尽美矣，未尽善也"（《论语·八佾》）。这两者都是十分高雅的古乐，所以孔子是提倡的。而郑国的乐曲则与《韶》《武》相反，非常轻浮，不正派。因此，孔子说要舍弃这类不入流的乐曲。在礼乐之外，孔子还指出，治理国家一定要远离小人。因为谄媚的小人往往爱吹耳旁风，容易让你做出错误的决定，是非常危险的。做到以上这些，就能够建设起一个有秩序的国家，让百姓都能过上和乐的生活了。

言偃，吴人，字子游。少孔子四十五岁。

子游曰："事君数，斯辱矣；朋友数，斯疏矣。"

　　"友"在甲骨文里的形象是由两个"手"字构成的，从图像上看，就是两只右手紧紧依靠在一起，因为一个人不可能有两只右手，所以这显然属于两个人。就是指两个人协调工作，互相帮助，于是就产生朋友的含义。有趣的是，"朋友"在今天已经变成一个词语，但在古代，"朋"和"友"在具体的含义上还有所区别。所谓"同门曰朋，同志曰友"，"朋"是指同一个老师教的学生，而"友"则是指志同道合的朋友。

君子之交淡如水

　　一个好的朋友，是我们一生的礼物；而一个坏的朋友，也可能从不好的方面影响我们的人生。所以，选择对的朋友交往，是一件非常重要的事情。那么，我们又该怎么去判断一个人值不值得交往，值不值得把他当成好朋友呢？

在中国古代，流传着这样一个故事。在唐朝贞观年间，有一位有名的大将军，叫作薛仁贵。他在多次立下战功，被封为"平辽王"之前，家里很穷苦，他和妻子住在一个破旧的窑洞里面，靠着耕田种地勉强维持生活，经常吃不饱，穿不暖。而在这段艰苦的日子里，他的一个叫作王茂生的朋友，一直时不时地给他们一些生活上的帮助。这些帮助也许在别人看起来并不多，但对那时候的薛仁贵来说，却如同雪中送炭一般珍贵。

后来，薛仁贵在跟随唐太宗李世民御驾东征的时候，立下了很大的功劳，被封为"平辽王"，一下子变成了朝廷的大红人。这下子，前来给他送礼祝贺的文武大臣们一个接一个，都快把王府的门槛给踏破了。可是，薛仁贵却把那些急着送礼物的大臣们都给回绝了，他唯一收下的礼物，是那个当年在他困难的时候一直帮助他的朋友王茂生送来的两坛"美酒"。可是，当他的手下打开酒坛子的封盖的时候，却吓得脸色惨白。原来，这坛子里装的不是美酒，而是普普通通的清水！

没想到薛仁贵听了，不但没有生气，反而让手下拿来一只大碗，当着大家的面就喝了三大碗王茂生送来的清水。正当所有人都感到奇怪的时候，薛仁贵笑着说："我过去生活艰难的时候，全靠朋友王茂生经常向我伸出援手，没有他当时的帮助，就没有我今天的成功。所以现在我不收各位的礼物，却偏偏要收下王兄送来的清水，这就叫君子之交淡如水。"这以后，薛仁贵与王茂生一家关系也十分亲密，而"君子之交淡如水"的故事也就流传了下来。

在这个故事中，王茂生一家并没有因为薛仁贵穷而看不起这个朋友，而薛仁贵在大富大贵以后也没有忘记这个好朋友，他们之间的友情不会因为两个人的身份、地位、财富、权力的改变而发生改变。

真正的好朋友，永远在你最需要的时候陪伴你，帮助你，真正的友谊，不是平日里说的漂亮的话，而是关键时候拉你的那只手。所以选择和什么人成为朋友，是非常重要的事情。一个好的朋友会是你人生中无价的礼物。

那么，现在让我们一起来看看，孔子眼中交朋友的标准都有哪些，我们又该如何正确地与人相处呢？

第四十一讲

曾子曰："吾日三省（xǐng）吾身：为人谋而不忠乎？与朋友交而不信乎？传（chuán）不习乎？"（《论语·学而》）

[译文]

曾子说："我每天多次反省自己：替别人做事有没有尽心竭力？和朋友交往有没有诚实守信？老师传授我的知识有没有按时温习？"

[扩展学习]

● 三省：指的是多次反省。因为这里曾子所反省的正好是三件事，所以很多人误以为是每天反省三次，但其实"三"是"多次、多数"的意思。这样的用法经常出现在数词添加于动词前面的时候，尤其是像"三"和"九"这样的数词，一般都用来表示次数的多，而不是实际地指"几次"。比如《战国策》中有"鲁仲连辞让者三，终不肯受"，就是说鲁仲连多次地推辞，坚决不接受平原君的封赏，而不是指他前后推辞了三次。

● 曾子说他自己每天在三件事情上多次地反省自己，分别是忠、信、传习。其实，这"三省"说了两个方面。一是修己，一是对人。"传不习乎"与"学而时习之"的"习"是相同的，就是指对学到的知识进行温习、反复实践的意思。这是曾子对自己文化修养，做学问方面的要求。

而对人忠、信，则是曾子认为与他人相处应该具有的美好品质。帮别人谋划事情要忠诚，没有保留，这样才能不苟且，不敷衍。和朋友交往要讲诚信，诚信对于朋友间的交往来说是非常重要的，假如你的朋友经常对你说谎，约定好的事情也做不到，那么这就不是一个值得交往的人。

曾子在这里还主张诚信的确立要从自己做起，他以这种反省的方式来培养诚信的美德，将朋友之间的诚信交往指向了自觉自律的方向。如果友谊的双方都能自觉做到诚实守信，那么这朵友谊之花便能够美丽又长久地盛开了。

[论而成语]

● 三省吾身：经常深刻地反省自己。

● 传不习乎：反省自己究竟有没有认真温习老师教授的知识和技能。

第四十二讲

子贡问友，子曰："忠告而善道（dǎo）之，不可则止，毋自辱焉。"（《论语·学而》）

[译文]

子贡向孔子请教与朋友的相处之道。孔子说："忠心地劝告他，并且好好地开导他，如果他不听从，也就罢了，不要自取侮辱。"

[扩展学习]

● 道：在这里是"导（导)"的本字。"道"由"行"和"首"构成，"行"字是十字路口的形象，有道路的意思，"首"就是人的头部，有领头的意思。所以从字的图像上来看，就是在一个十字路口边上有一个人头，因为人的感觉器官集中在头部，所以引申出感觉的含义，整个字的意思就是人在十字路口处根据感觉的引导决定应走的正确道路。因而有"引导"的意思。

● 子贡向孔子请教对待朋友的方法。从孔子的回答看，讲的是与朋友交往时，对待有缺点的朋友，或者说当朋友做错了事情，你应该怎么做。

所谓"人无完人"，朋友有缺点，会犯错也是很正常的事情。作为他的朋友，首先要忠心地劝告他。许多人经常会怕自己指出好朋友的缺点和过错以后会伤害到他，或者会让他因此而讨厌自己。但是真正的朋友，都是用一颗赤诚的心来对待彼此的，只有真心对他好，才会去劝告他，而真朋友也会珍惜、理解你的好意。反而是不管对错什么都顺着你的人才是虚伪的表面朋友。所以我们要学会重视朋友对自己的劝告，要把朋友的话放在心上，仔细考虑。

其次在劝告的时候要"善道（导）"。劝告父母要"几谏"，对待朋友也要好言相劝，我们是要帮助朋友，希望他能听劝，而不是去批评他，指责他的。尤其要注意朋友之间是平等的，千万不要用一个高姿态去训导他，这样反而会让朋友产生逆反的心理，甚至误会你，最终伤害到你们之间的感情。所以孔子告诉子贡，劝导朋友的时候要注意自己的语气和表达，好好地引导他，让朋友能够对自己的缺点和错误有所认识，从而乐于去改正。

但是"忠告而善道"之后，朋友可能还是不理解，不听从。这时候，孔子说，他不听的话就停止劝告，不要自讨没趣了。这是因为你已经尽到做朋友的责任了，但同时也要尊重他自己内心的选择，不要去强求别人。如果没完没了地去劝告，就超过了适度的原则，失去了分寸感，那么就容易自讨没趣。"规过劝善"，这是朋友的真正价值所在，但也要有一定的限度，要有原则，过度了就会适得其反。

第四十三讲

子曰："视其所以，观其所由，察其所安，人焉廋（sōu）哉？人焉廋哉？"（《论语·为政》）

孔子说："（要了解一个人）首先看他言行的动机，观察他达到目的所采取的手段，考察他安心于干什么，这样，这个人怎么能隐藏得了呢？这个人怎么都隐藏不了了。"

[扩展学习]

● 这一则语录孔子谈论的是怎样全面地去认识一个人，要能够正确地认识身边的人，才能够分辨出哪些人可以做我们的朋友。

孔子说，首先要"视其所以"，要看他平常的一言一行是不是正直善良，诚实守信。但这样还不够，因为言行可以伪装，所以孔子说还要看他行为和言语背后的动机与目的。看他是发自真心地去做好事、说好话，还是背后隐藏着其他的目的。

其次是"观其所由"，"由"是"由此行"的意思，"所由"就是指所从由的道路，也即所采取的方式、方法。有的人为了达到目的常常不择手段，不讲原则，没有分寸。就好像同样是为了获得好成绩，有的人选择好好学习，刻苦努力，而有的人却选择投机取巧，在考试的时候作弊。所以考察一个人的经历和整个行动的经过，看他为了达到目的所采取的手段，也能看出这个人的品性如何。

最后是"察其所安"，再看看他平常安心于什么？是安于享乐，安于平淡还是安于奋进。这其实是对一个人的志向的考察，包括对这个人平常的兴趣爱好、涵养的整体观察。孔子提出的这三点，对一个人的行为及其动机、目的、手段，以及整体的志向和境界都进行了全方位的考察，只有这样，方能把一个人看清看透，所以他说"人焉廋哉"，"廋"是藏匿的意思，以这三个要点去观察人，他还能把真实的自己藏到哪去呢？

[论而成语]

- 视其所以：观察一个人言行的动机，借此判断他的人品。

- 观其所由：观察一个人做事情的方法和手段，借此判断他的人品。

- 察其所安：观察一个人会为什么事情感到心安，借此判断他的人品。

- 人焉廋哉：表示没有人能够把自己真实的品行隐藏得天衣无缝。类似美国前总统亚伯拉罕·林肯所说：你可以在一段时间欺骗所有人，也可以在所有时间欺骗一部分人，但你永远无法在所有的时间欺骗所有人。

第四十四讲

子曰："人之过也，各于其党，观过，斯知仁矣。"（《论语·里仁》）

[译文]

孔子说："人们的错误，总是与他那个类别的人所犯的错误相近。所以，考察个人所犯的错误，就可以知道他是不是具有仁德了。"

[扩展学习]

● 这一则语录也是在讲如何去观察、认识一个人。孔子认为观察一个人会犯什么样的错误，就能推测出这个人的品性。这是由于一个人能够通过行为举止来掩饰内心，但是却很难在犯错时掩饰自己的本性。就好像一个接受贿赂的人，一定有贪婪的本性；一个冒冒失失的人，一定有鲁莽的本性；一个满嘴谎话的人，一定有虚伪的本性。从他人的错误和过失中，我们就不难察觉出他们的本性。

虽然过错是因人而异的，但是同一类人往往会犯相同的错误。正所谓"物以类聚，人以群分"，再加上人与人相处久了本来也会相互影响，假如一个人身边都是一些狐朋狗友，成天喜欢干些偷鸡摸狗的事情，那么这个人也大概率会犯一样的错误。所以同样的道理，考察一个人所犯的错误，也能反过来推测出他所结交的朋友是哪种类型的，那么也就能大致知晓这个人的品性了。成语"观过知仁"讲的就是这样一种"察错识人法"。我们也可以根据这一点，来判断一个人是否值得交往。

[论而成语]

> ● 观过知仁：通过观察一个人犯下什么样的错误来判断他的品行到底如何。

第四十五讲

子游曰："事君数（shuò），斯辱矣；朋友数（shuò），斯疏矣。"（《论语·里仁》）

子游说："侍奉君主过于烦琐无度，就会遭受侮辱；和朋友相交往过于烦琐无度，反而会遭到疏远。"

[扩展学习]

● 在子游看来，人与人之间太过亲密是不好的。这谈论的是人际关系中的适度原则。无论是君臣之间，还是好友之间，都不可能存在真正的亲密无间，因为一旦亲密过度，反而会招来羞辱，导致疏远。这是因为每个人都需要私人空间，如果双方太过亲密，毫无保留，一来容易了解过深，侵犯到个人隐私，让人没有安全感。二来，过分亲密的关系容易使人失去分寸感，企图去干涉别人的人生。三来，越是亲密的关系越是让人放松，没有忌惮，这样便更容易触犯朋友的禁忌。如此一来，这段关系就会让人感到窒息。子游敏锐地观察到这个现象，提出了"事君数，斯辱矣；朋友数，斯疏矣"的观点。

● 有这样一个有趣的寓言故事：寒冷的冬天到来了，两只小刺猬躲在洞中，瑟瑟发抖。为了取暖，它们彼此靠近。可是，由于靠得太近，它们的刺就伤害到了对方。但它们没有轻言放弃，而是选择不断地尝试。最后，终于让他们找到了一个既能感觉到温暖，又刚好刺不到对方的距离，平安地度过了冬天。刺猬的相处，一是要自我保护，二是要智慧共处。人与人之间的相处，也像故事中的两只刺猬一样。保持一个适当的距离，既是为了保护自己，也是在尊重他人。所以说，朋友之间的交往只有在适当的距离内，才能让彼此相处得更加舒服，友谊也更加长久。

第四十六讲

朋友之馈，虽车马，非祭肉，不拜。(《论语·乡党》)

[译文]

对于朋友的馈赠，即使是车和马，（只要）不是祭祀用的肉，（孔子）在接受时，也不会行拜谢礼。

[扩展学习]

● 在孔子那个年代，车辆和马匹可以称得上是最贵重的礼物了，可是孔子却把祭祀用的肉看得比车马还重要，这是为什么呢？其实孔子是在告诉我们，真正的好朋友在交往之时，把利益是看得很轻的。面对朋友赠送的如此珍贵的车马，孔子却不拜谢，正是因为他重视的是双方的感情和真心，而不是钱财和利益。这也是儒家所倡导的"义高于利"的具体体现。

但孔子不拜谢，并不是说他心里不感激。好朋友之间赠送礼物是很正常的事情，我们在收到礼物的时候也一定会真心地道谢，但并不会拜谢，因为这样夸张而隆重的谢礼，反而会让两人显得疏远，也会给好朋友造成很大的心理压力。而祭肉虽然没有车马值钱，但是它却是拿去祭祀神明或祖先的，意义非凡。所以孔子才会对送祭肉的人行拜谢之礼，这是表示孔子对礼制十分尊崇。孔子的做法很好地诠释了儒家的交友之道，而其内涵便是重真情，讲原则，轻利益。

第四十七讲

曾子曰："君子以文会友，以友辅仁。"（《论语·颜渊》）

[译文]

曾子说："君子通过交流文化知识来结交、聚合朋友，通过交友来辅助自己仁德的培养。"

[扩展学习]

● 曾子认为，君子结交朋友是为了共同的理想，为了更好地做学问，修身养性，而不是出于吃喝玩乐或者金钱利益的考虑。君子通过交流文化知识，来结交某些志同道合的人，大家彼此交换读书的心得，也是一个互相切磋，互相学习，一起进步，一同成长的过程。

同时，君子所结交的朋友都是因为志趣相投而聚集在一起的，彼此又能够互相勉励、指点，帮助你改正错误，走上人生的正途。这对于仁德修养的提升必然会有大大的帮助。与热爱学习的朋友一起学习，不仅在学业上可以获得事半功倍的效果，而且还可以增加自己的素质修养，成为一个在能力和人品上都更加优秀的人。"以文会友"其实就是要以"志同道合"为择友的标准来结交有益的朋友，然后在和益友互动交往的过程中，使自己的仁德修养获得提升，达到"以友辅仁"的目的。这是君子的交友之道，也一条人人都应该走的正确道路。

● 以友辅仁：结交优秀的人做朋友，通过这样的方式来提升自己的道德和能力。中国台湾地区有一所大学，叫作"辅仁大学"，即出自《论语》此处。

第四十八讲

或曰："以德报怨，何如？"子曰："何以报德？以直报怨，以德报德。"（《论语·宪问》）

[译文]

有人说："用恩德来回报怨恨，怎么样？"孔子说："那用什么来回报恩德呢？应该用正直来回报怨恨，用恩德来回报恩德。"

[扩展学习]

● 在这里，孔子探讨的是如何回报他人的问题。具体地说，就是别人对我们好，我们该怎么回报；别人对我们不好，我们又该怎么处理。在我国的文化传统里，"以德报德"是一种普遍观念，所谓知恩图报，主张的是你付出什么，就会得到什么，这样大家才会愿意付出。而至于如何"报怨"，大家却有不同的看法。

有人问孔子是不是应该"以德报怨"，孔子认为这是不对的，提出要"以直报怨"。孔子不赞同"以德报怨"的做法，因为这会造成人际关系的混乱。你对我不好，我仍然要对你好。这样做不仅会使得对你不好的人幸灾乐祸，而真心对你好的人也会因此而心生不满，所谓"亲者痛，仇者快"。这是一种非常不理智的做法，因为真正的智者一定是爱憎分明、善恶分明的。

但孔子也不赞成"以怨报怨"，这是以恶意、怨恨去报复别人对自己的不道德行为。就好像别人推了你一把，你也推他一把；朋友在背后讲你坏话，你就破坏自己的原则，也在背后讲他坏话。这么做不仅会加深怨恨，而且还会把自己也变成一个没道德的人，形成一种恶性循环。

孔子提倡的是"以直报怨"。直，就是正直，要有原则性。主张要用一颗平直之心去对待别人对自己的怨恨，冷静理智地分析他们为什么对自己不好，如果是因为自己先冒犯了别人，那么就诚心诚意地解释，努力化解矛盾。如果纯粹是因为对方人品低劣，那么也不要纵容他，一定要用公正的、合理的方法保护自己，同时不要改变自己的正直，事情该怎么处理就怎么处理。"以直报怨，以德报德"，这是孔子认为的正确对待他人的原则。

[论而成语]

> ● 以直报怨：他人对我们恶意伤害，必须用正义的方式予以回击。
>
> ● 以德报德：他人对我们的好，应当知恩图报，回馈他人。

第四十九讲

子曰："躬自厚而薄责于人，则远怨矣。"（《论语·卫灵公》）

[译文]

孔子说："多要求自己而少责备别人，那就可以远离别人的怨恨了。"

● "躬自厚而薄责于人"，用现在的话说就是要"严于律己，宽以待人"，这是孔子认为维持良好的人际关系的重要方法。人与人交往，免不了会有意见不相同的时候，如果单方面对别人的错误大加责备，便容易产生纠纷和矛盾，那么彼此之间的怨恨也就产生了。所以孔子说，要想远离别人的怨恨，那么你首先要做到对自己严格要求，而对别人则采取宽容的态度，这样做以后，自然就可以避免招致怨恨。

这听起来简单，但是要做到却不容易。在现实生活中，人们往往对自己很宽宏大量，经常会为自己的过失找借口，却常常对别人吹毛求疵，眼睛里容不下一粒沙子，这也就是所谓的"双标"。这样做不但会使你无法认识到自己的不足，失去改过自新的机会，还会引起别人对你的厌恶，甚至招来他人对你的怨恨。所以，孔子就要求我们先做到"反躬自省"，不要做一个双标的人。如果一个人对自己严格而对别人宽容，并且把"严于律己，宽以待人"作为立身处世的座右铭去加以实践的话，那么谁还会对他有怨恨之心呢？

第五十讲

孔子曰："益者三友，损者三友。友直，友谅，友多闻，益矣。友便（pián）辟（bì），友善柔，友便（pián）佞（nìng），损矣。"（《论语·季氏》）

[译文]

孔子说："有益的朋友有三种，有害的朋友有三种。与正直的人交朋友，与诚信的人交朋友，与知识广博的人交朋友，是有好处的。与谄媚逢迎的人交朋友，与表面假装和善的人交朋友，与善于花言巧语、夸夸其谈的人交朋友，是有危害的。"

[扩展学习]

● 谅：在这里是诚信的意思。"谅"由"言"和"京"构成，"言"的形象就是人开口说话的样子，而"京"字则是高山、高楼的形象，引申为有社会地位的人。所以整个字最开始的意思是表示有社会地位的人说的话，由此产生出诚信、信实的含义。

● 在这里，孔子说出了我们结交的朋友中可能会有的六种类型以及他们的好坏。对我们有益的是正直、诚信、见多识广的朋友。正直是首要的，因为这样的人往往直来直去而且非常单纯善良，没有心机。而坦诚相待也是朋友间交往所必需的，只有与真诚而可信赖的朋友在一起，你才会变得更加勇敢、更加坚强，因为你知道当你遇到困难的时候，永远会有一只手，愿意拉你一把。而与博学多闻的人相交往，自然也是有好处的。你不仅可以从他身上学到很多新的知识，从而扩宽自己的眼界，还能够以他为榜样，激励自己也成为一个"多闻"的人。

● 哪三种朋友是有害的呢？孔子说对于"便辟""善柔""便佞"这样的人，我们要远离。第一种"友便辟"，是指擅长谄媚逢迎的人，类似于今天说的"势利眼"。这样的人，他不会拿真心来对待你，而是因为利益才来接近你。当你有钱有势的时候，他们会没有原则地讨好你，企图利用你；当你倒霉的时候，他们会第一时间和你撇清关系，甚至还可能会落井下石。

第二种"友善柔"，指的是假装和善，实则虚伪的人。这样的人危害是很大的，因为他们不仅常常表面一套，背后一套，还特别喜欢搬弄是非。生活中大家时常会遇到表面上和你要好，但是转头又会在背地里说你坏话的人。这种人就是善于表面奉承，内心却没有一点诚信的人。如果不能正确识别，还把他们当作真朋友，什么心里话和秘密都告诉他们，那么这样的祸患是无穷大的。

第三种"友便佞"，意思是善于花言巧语，却经常言不符实的人。这样的人，经常爱说些虚伪的漂亮话，来满足别人或自己的虚荣心。孔子曾说"巧言令色，鲜矣仁"，批评的就是这类"便佞"的人。和这种不老实的朋友交往，不仅会让人分不清真假，让人逐渐膨胀而迷失自己，还极有可能跟着他一起学坏。

择友是一门人生的学问，只有远离损友，与益友同行，你的人生才会更加精彩。所以我们一定要用真心去结交那些正直、诚信、博学的人，同时也要远离那些没有学识，没有道德，没有修养的损友。

樊须字子迟。少孔子三十六岁。

樊迟问仁，子曰："爱人。"

　　"仁"这个字，左边是一个"人"，右边是一个"二"。在古文字里面，划两横的图像是重复符号的标志，而"二"也有相同的意思，这就表示两个人之间的关系应该友善，相互亲近。所以"仁"最早是对别人友善，与人相亲相爱的意思。慢慢地，"仁"包含的意义越来越多，就渐渐变成一种含义非常广泛的道德形容了。

仁者爱人

　　"仁"这种品德，从广义上来看，可以说基本包含了所有美好的品德，在这个高度上，"仁"算得上是对一个人最高级的赞美。

　　仁最开始指的只是一种对别人亲善、友

爱的品德。经过后代人对它含义上的扩充，才慢慢变成了一切美好品德的总和。

"仁"这个字，在久远的商周时代很少出现。到了春秋时代，它才开始被人们越来越多地提起。那时候的"仁"，基本的意义就是爱人，对人亲近、友善。而真正把"仁"的思想进行充实、明确并且提升到一种极高的地位的人，就是我们的孔夫子。他在建立学说的时候，把"仁"和自己的思想理念结合在一起，进行了扩充和发展，使"仁"发展为一种含义非常广博，而且境界又十分高尚的道德范畴。孔子不仅把"仁"当成是儒家思想学说的核心观念，更把"仁"当成是他自己的人生理想。在《论语》中，"仁"字一共出现了一百零九次，可见"仁"在孔子学说中的地位有多么高。

在西方文化中，"仁"和"善良"的意思非常接近。有一位著名的英国哲学家叫作弗朗西斯·培根，他曾经写过一篇文章叫作《论善良》，其中谈到："我认为善良的定义就是有利于人类。这也就是古希腊人所谓的'仁'，或者'人道精神'，但意义还要深。……善良，是人类的一切精神和道德品格中最伟大的一种。"他把善良定义为对人们有好处的，而且是所有品德中最伟大的一种，而不仅仅是具体的行为表现。"仁"

也是一样。

所以说，在西方观念里，广义的"善良"和孔子倡导的"仁"非常接近。我们通过更熟悉的"善"来理解"仁"。如果一个人对陌生人也非常友好，我们可以说他善良；如果一个人对别人不幸的遭遇能够有一颗同情的心，我们会说他善良；如果一个人交朋友重视的是真心，而不是利益，那么我们也可以说他是一个善良的人。这些都是善良的表现，而这些行为中所体现的美好品质，都属于善良，同样也属于"仁"。但是"善良""仁"却又不仅仅局限于此。

现在，让我们一起来看看，孔子主张的"仁"主要有哪些含义吧！

第五十一讲

子曰："巧言令色，鲜（xiǎn）矣仁！"（《论语·学而》）

子曰："刚、毅、木、讷（nè）近仁。"（《论语·子路》）

[译文]

孔子说："满嘴花言巧语，又善于装出和颜悦色的样子，这种人很少会具有仁德的品质。"

孔子说:"一个人如果具有刚强、坚毅、质朴和慎言这四种品德,那么他就接近于仁德了。"

[扩展学习]

● 木、讷:我们今天常常用"木讷"来形容一个人呆头呆脑、反应迟钝。但在孔子这句话里,"木讷"不是一个贬义词,"木"是质朴的意思,而"讷"则是指说话谨慎,不轻易说出口的意思。

● 这两则语录从一正一反两个方面,告诉我们在追求仁德的过程中,需要具备和远离的品质。在第一则语录中,孔子提出刚、毅、木、讷这四种品质,并且认为一个人如果具有这些品质,那么他就接近仁德了。

刚,就是刚强,刚强的人不会轻易屈服。

毅,就是坚毅,坚毅的人不会轻言放弃。

木,就是质朴,质朴的人往往老实厚道。

讷,就是慎言,慎言的人往往诚实可信。

一个既刚强又坚忍,既朴实又讷言的人,他就接近于仁德了。这里的"近"字很关键,不是说一个人刚、毅、木、讷就是仁者,而只是接近于仁者罢了。因为这些还都只是仁者所具备的几种品质，并不是仁者的全貌。

● 巧言令色："巧"和"令"意思相近，都是美好的。所以这是指好听的语言与美好的脸色，用来形容以花言巧语和谄媚的态度讨好别人。孔子告诫大家要警惕这类人，因为他们表面上总是喜欢说些漂亮话来讨好你，对你笑脸相迎，让你放下戒心，实际上却是虚情假意。这种人很少会具备仁德，因此要远离他们。同时，孔子也是在提醒想要追求仁德的志士们，不要做一个"巧言令色"的人，因为这必定与"木""讷"的品质相冲突，如果你这样做了，你离仁德也就远了。

[论而成语]

● 巧言令色：一个人说话有过多的修饰，花言巧语，同时表情夸张。这样的人绝不是正直善良之辈，应当远离。

● 刚毅木讷：一个人性格刚强、坚毅、质朴、慎言，这才是具有仁德的、值得信赖的真君子。

第五十二讲

子曰：“富与贵，是人之所欲也；不以其道得之，不处也。贫与贱，是人之所恶也。不以其道得之，不去也。君子去仁，恶（wū）乎成名？君子无终食之间违仁，造次必于是，颠沛必于是。”（《论语·里仁》）

[译文]

孔子说：“财富和显贵，是每个人都想要得到的。但是，如果以不正当的手段得到它们，君子是不会接受的。贫困和卑贱，是人人所厌恶的，但是，如果不通过正当的途径去远离它们，君子是不会摆脱的。君子背离了仁的准则，又怎样去成就他的名声呢？君子不会有哪怕是吃一顿饭的时间离开仁德，即使是在匆忙紧迫的情况下也一定和仁德同在，在颠沛流离的时候也一定和仁德同在。”

[扩展学习]

● 在这里，孔子讨论的是君子如何对待财富。儒家虽然主张“重义轻利”，但并不是说不看重、不需要财富。只要人活在世上，金钱就是必需品。想过上富裕的生活，摆脱贫困的局面，这本就是人之常情。但是，对于君子而言，当富贵、利益与道德、正义发生冲突的时候，那么他将会毫不犹豫地坚守道义。正像孔子说的另一句话——"不义而富且贵，于我如浮云"（《论语·述而》），贫穷的生活再艰难困苦，想要摆脱它，也应该通过正当的途径，这才是君子所为。

正所谓，"君子爱财，取之有道"，这个道，就是仁义之道，君子无论是富贵还是贫贱，无论是在仓促之间还是颠沛流离之时，都不会有片刻违背这个原则。财富是人人都想得到的，而贫困是人人都厌恶的，君子是这样，小人也是这样。但是小人会为了财富和利益而不择手段，于是他们会成为金钱的奴隶，有的选择坑蒙拐骗，有的选择抢劫勒索，到最后等着他们的是法律的制裁和良心的谴责。

君子则因为心中坚守着"仁"，所以能够抵抗住诱惑，不会去谋求不义之财，也不会为了改变自己的处境就放弃道义，出卖良知。君子愿意踏踏实实地凭借自己的能力和勤劳来改善处境。这样，哪怕君子不富裕，其坚守仁义的精神也依旧让人敬佩。而小人哪怕富裕了，也依旧让人看不起，因为他们失去了做人的原则。要记住君子虽爱财，取之必有道！

第五十三讲

子曰："我未见好仁者，恶（wù）不仁者。好仁者，无以尚之；恶不仁者，其为仁矣，不使不仁者加乎其身。有能一日用其力于仁矣乎？我未见力不足者。盖有之矣，我未之见也。"（《论语·里仁》）

［译文］

孔子说："我从未见过爱好仁德的人和厌恶不仁德的人。爱好仁德的人，那是没有比这更好的了；厌恶不仁德的人，他实行仁德，是为了不使不仁德的事物加在自己身上。有谁能在某一天把他的努力都用在仁德上呢？我还没见过努力不够的。大概这样的人是有的，只是我没有见过罢了。"

［扩展学习］

● 在这里，孔子首先列举了两类人，一种是"好仁者"，一种是"恶不仁者"。

"好仁者"，就是爱好仁德并且积极主动去追求的人。这样的人，孔子认为是"无以尚之"的，即没有比这更好的。所谓"我欲仁，斯仁至矣"，而"恶不仁者"，则是厌恶不仁德的人，这样的人，他实践仁德，不是像"好仁者"那样"欲仁"，而是因为不希望不仁德的事情发生在自己身上。这虽然比不上"好仁者"的积极主动，但也是在不断接近仁者的途中。

孔子在辨析完"为仁者"的两种类型以后，叹息道：有谁能够把他的努力都花在实践仁德上啊，或许有这样的人，只是我没见到过罢了。这是什么意思呢？孔子的学生冉求曾经说："非不说子之道，力不足也。"冉求的意思是，我不是不喜欢老师的学说，而是我的能力不够，达不到老师的要求。孔子回答道："如果你真的是能力不够，你会半途而废。但如今你却画地为牢，不肯前进。"所以在这里孔子说"我未见力不足者"，其实是在说，人们只要努力地去实践，就能够靠近仁，最终达到仁，但是当今却很少有人愿意这样去做。

这既是一种对现实惋惜的感叹，也是一种号召和劝告，鼓励大家都能够努力地去实践仁，踏出珍贵的第一步。不仅实践仁德是这样，做任何事情都是一样。所以我们千万不要在没有尝试前就给自己不行的心理暗示，也不要把"不能"当作不努力的借口，做任何事情都要全力以赴，持之以恒，最终才能够成功。

第五十四讲

子曰："知（zhì）者乐（yào）水，仁者乐（yào）山。知者动，仁者静。知者乐（lè），仁者寿。"（《论语·雍也》）

[译文]

孔子说："有智慧的人喜爱水，有仁德的人喜爱山。有智慧的人活跃，有仁德的人沉静。有智慧的人活得快乐，有仁德的人长寿。"

[扩展学习]

● 乐："乐"字有两种常见的读音：一是读 yuè，如"音乐"；一是读 lè，如"快乐"。但是在这里，前两个"乐"读为"yào"，意思是喜好、爱好，这是比较少见的古读音。

● 孔子认为，智者和仁者既有相似之处，也有所区别。智者一般有思维敏捷的特点，他们认识和处理问题都比较灵活和迅捷，就像灵动的流水，所以孔子说"知（智）者乐水"。而"仁者乐山"则是因为有仁德的人能够坚守道义，不会为外在的事物所动摇，为人又比较仁慈、宽容而不易冲动，他们的性情就像山一样稳重。所以孔子说智者喜欢水，仁者爱好山，其实是用山和水来比拟仁者和智者。

　　而正因为这样的特点，孔子说"知者乐，仁者寿"。聪明人往往可以事先察觉到事物的发展走向，不仅能够看得清、看得透，并且由于思维活跃，处理问题又能够灵活应变，所以当他们遇到困难的时候，也能够凭借自己的智慧顺利地解决危机，最终走向成功。这就是说智者为人通达乐观，不容易被事物困扰，往往是快乐的。而有仁德的人，他们为人宽容仁厚，并且性格沉稳，不会因为外界事物的一点刺激就产生很大的情绪波动，所以我们印象中的仁者都应该有"泰山崩于前而色不变"的器量，正是因为这样安详沉静的品格，所以仁者往往能够长寿。

　　当然，山水各有特色，智者与仁者也各有优点，两者并不矛盾。所以仁与智都应当是我们的人生追求，即使没办法一下子同时做到，也要心向往之，努力地成为一个仁智双全的人。

● 智者乐水：智慧的人喜爱水，因为水的形态流动变化，所谓智慧，就是能够依据各种各样不同的情况做出相应的正确判断。

● 仁者乐山：具备仁德的人喜爱山，因为他们内心笃定，不被外界干扰，像大山那样稳重。

● 仁者寿：经常用来赞美年高德劭的人。赞美他们因为内心充满仁德而获得上天的眷顾，进而获得常人不具备的高寿。

第五十五讲

颜渊问仁。子曰："克己复礼为仁。一日克己复礼，天下归仁焉。为仁由己，而由人乎哉？"

颜渊曰："请问其目。"子曰："非礼勿视，非礼勿听，非礼勿言，非礼勿动。"

颜渊曰："回虽不敏，请事斯语矣。"（《论语·颜渊》）

颜渊向孔子请教什么是仁。孔子说："约束自己，使自己回归到礼上来，就是仁。一旦约束自己而回归于仁，天下的人就都会称许你有仁德了。实行仁德要靠自己，难道是靠别人吗？"

颜渊说："请问实践仁德的具体内容。"孔子说："不符合礼的不看，不符合礼的不听，不符合礼的不说，不符合礼的不做。"

颜渊说："我虽然不聪敏，但请让我照这些话去做。"

[扩展学习]

● 在这里，孔子讨论了"仁"与"礼"的关系。颜渊向孔子请教如何为仁，孔子回答"克己复礼"。克是克制、约束的意思，复就是回归。孔子认为，只要一个人能够自主自觉地做到处处约束自己的行为，从而回归于礼，那么大家都会认为他是一个有仁德的人。

可以说，仁是礼的内在核心，体现在人的品德修养上；而礼是仁的外在表现，体现在人的行为规范上，"仁"是用实践"礼"来证明的。所以"为仁"的一个核心途径，就是"克己复礼"。具体要怎么做呢？就是"非礼勿视，非礼勿听，非礼勿言，非礼勿动"，一切不符合礼的行为都不要做。

孔子一生都非常崇尚西周文化，努力地想要继承和复兴周礼，他以"克己复礼"教导颜回，其实是因为孔子对颜回寄予厚望，把他当成自己的接班人去培养，希望他能够承担起复兴周礼的重担。所以孔子从这个高度来提点颜回，告诉他要想真正达到"仁"的境界，必须要从自我入手，约束自己回归于礼，希望他将来能够成为天下道德与秩序的表率。

[论而成语]

- 克己复礼：克制自己过分的、不合理的欲望，使自己的言行符合礼制要求。

- 非礼勿视、非礼勿听、非礼勿言：泛指自己的一言一行都要符合礼制要求。

第五十六讲

仲弓问仁。子曰："出门如见大宾，使民如承大祭。己所不欲，勿施于人。在邦无怨，在家无怨。"

仲弓曰："雍虽不敏，请事斯语矣。"（《论语·颜渊》）

[译文]

仲弓向孔子请教什么是仁。孔子说："出门好像去接见贵宾，役使百姓好像去承担重大祀典。自己所不想要的事物，就不要强加给别人。在国家岗位上做事没有抱怨，在卿大夫的封地做事也没有抱怨。"仲弓说："我冉雍虽然不聪敏，也请让我照这些话去做。"

[扩展学习]

● 仲弓是一个政治才能很高的人，孔子曾说他可以成为一方的长官。所以当仲弓向孔子问起怎样做才算仁，孔子的回答便与如何"为政"相关。

"出门如见大宾，使民如承大祭"，其实孔子是在强调一个"敬"字。如果一个人心中对自己的工作，对自己管理的百姓没有敬意，那么他就不可能做到出门工作，待人接事的时候都如同接待贵宾那样庄重谦恭，也不可能做到役使百姓如同举办重大的祭祀活动那样严肃谨慎。所以孔子告诉仲弓，无论是出门工作，还是役使百姓，都必须要严肃认真地对待，这样别人才会敬重你。

第二点，就要做到"己所不欲，勿施于人"，意思是自己不喜欢的事物，也不要强加给别人。这便是仁者所应具有的爱人之心。因为只有拥有一颗爱人之心，才会用自己的心意去推想别人，设身处地替别人着想。所以孔子告诉仲弓，要想达到仁，必须先要爱人，能够推己及人。

而第三点"在邦无怨，在家无怨"，则是孔子告诫仲弓，仁者内心沉静，不会充满抱怨。无论是在国家岗位上做官，还是在卿大夫家做事，都不要抱怨，对待工作，无论职位高低，都要充满敬意。真正的仁者，总是会尽心竭力做好自己的事情，而不是总抱怨外在的环境。

[论而成语]

- 己所不欲，勿施于人：自己不愿意接受的事物，千万不要施加在别人身上，要学会将心比心。

- 在邦无怨，在家无怨：无论身居高位，还是在工作上没有受到足够的重视，自己都不要抱怨，要认认真真做好自己职责范围内的事。

第五十七讲

司马牛问仁。子曰："仁者，其言也讱（rèn）。"

曰："其言也讱，斯谓之仁已乎？"子曰："为之难，言之得无讱乎？"（《论语·颜渊》）

[译文]

司马牛向孔子请教什么是仁，孔子说："仁人，他的言语显得谨慎，很难说出口。"司马牛说："言语谨慎，这样就可以称作仁了吗？"孔子说："做起来是很难的，说话能不更谨慎一点吗？"

[扩展学习]

● 司马牛是春秋时期宋国人，他的哥哥是宋国主管军事行政的权臣司马桓魋（tuí），非常受宋景公的宠信。但是司马牛却对子夏说："人皆有兄弟，我独亡（无）。"原来他的哥哥由于手握大权，竟然在宋国犯上作乱，对此，坚守儒家学说的司马牛是坚决反对的，在哥哥不听劝阻的情况下，他便只好离开宋国，并发誓永远不和兄长共事一君。

● 司马牛问孔子什么是仁，孔子回答他，"仁者，其言也讱”。"讱"的意思就是说话非常迟缓、谨慎。这与"刚、毅、木、讷"中的"讷"是相同的。仁者在说话这个方面，具有"讷"与"讱"的品质。孔子这个回答是具有针对性的，司马牛善于言谈，性子也急躁，这一点从司马牛问孔子"言语谨慎，这样就可以称作仁了吗？"也能看出一些端倪，他的意思是：原来仁这么简单，只要说话谨慎就可以做到了。所以孔子因材施教，告诉他仁者说话，一定不会轻易说出口，必定是经过思量的，因而他们说话总是十分的谨慎、和缓，也因此才会具有威信。而要做到这一点，你以为是很容易的吗？其实是很难的。你刚刚的话就已经证明了，说话谨慎做起来是很难的，所以你说话难道不应该再谨慎一点吗！

第五十八讲

子贡问为仁，子曰："工欲善其事，必先利其器。居是邦也，事其大夫之贤者，友其士之仁者。"（《论语·卫灵公》）

[译文]

子贡问孔子怎样实行仁德，孔子说："工匠要想做好工作，必须先把工具打磨锋利。住在这个国家，就要侍奉那些大夫中的贤人，结交那些士人中的仁人。"

[扩展学习]

● 《论语》中的"士"，有时指具有一定道德修养的人，比如"士志于道"中的"士"。有时指具有一定社会地位的人，如"使于四方，不辱君命，可谓士矣"的"士"。在这里，孔子用"士"与"大夫"并提，即是指官职比大夫略低的官员。

● "工欲善其事，必先利其器"，就是无论做什么事情，都必须先要做好充分的准备工作，俗话说"磨刀不误砍柴工"，就是这个道理。好比医生做手术前，需要用到的医疗器具都要进行事先消毒，按照顺序分别安放在固定的位置上，这样医生在手术过程中，想要用的时候伸手就可以取到，大大提高了工作效率。

子贡向孔子请教怎样实行仁德，孔子回答他，假如把"为仁"当作是一份工作，那么你只有先把准备工作做好了，基础打好了，工作才能进行得更加顺利，完成得更加迅速。"为仁"的准备工作是什么呢？就是你住在这个国家，就必须去结交那些大夫和士人们当中的贤者仁人。这不仅是为了打好人际关系，同时还可以通过这种方式，对这个国家的状况和自己将要做的事情有一个大致的把握，会更加清楚怎么样才能更顺利地实行仁德。

这对于每一个人都有重要的指导意义。因为做好准备工作，是提高办事效率最有效的方法之一。准备工作其实是一个事先谋划的过程，将接下来的工作步骤在脑海里进行虚拟演练，这不仅能够帮助大脑整理思路，还能够节省出很多时间。就像很多小朋友考试写作文，还没想好就总是急急忙忙开始动笔，以为这样可以节省时间，结果却遇到大大小小的问题，比如重心偏离，详略安排不当，或是写不到一半就开始"难产"。反而是花时间写提纲的小朋友，在正式下笔的时候，不仅思路清晰，主题明确，而且写作十分顺畅，很快就写完了，还能得到一个不错的分数。所以，只有先利其器，做事才不至于手忙脚乱，才能更顺利地达到成功的目标。

[论而成语]

> ● 工欲善其事，必先利其器：做任何工作之前都要做好相应的准备工作。

第五十九讲

子张问仁于孔子。孔子曰："能行五者于天下，为仁矣。"

"请问之。"曰："恭，宽，信，敏，惠。恭则不侮，宽则得众，信则人任焉，敏则有功，惠则足以使人。"（《论语·阳货》）

[译文]

子张向孔子请教什么是仁。孔子说："能够在天下实行五种美德，就是仁了。"子张问："请问是哪五种？"孔子说："恭敬，宽厚，诚信，勤敏，慈惠。对人恭敬就不会招致侮辱，对人宽厚就会得到众人的拥护，为人诚信就会得到别人的任用，为人勤敏则工作效率高，就会取得功绩，带给别人好处就能够使人愿意为你效劳。"

[扩展学习]

● 在这里，孔子认为一个人处处做到"恭、宽、信、敏、惠"这五点，那么就算得上是仁人了。子张是一个性格比较偏激的人，孔子十分了解他，因此特地以这五种品德来教导他，希望能够化解子张性格当中的这种缺陷。

"恭"就是恭敬，孔子认为，对别人恭敬就不会招致侮辱。这是因为人和人交往都是相互的，你用什么态度对待我，我就用什么态度对待你。要注意，孔子所说的"恭"是与"敬"相联系的，在这里指的是因为内心诚敬而向外自然表现出的恭，而不是表面的恭敬。仁人与他人相处时，不管对方的财富、地位、能力如何，都会发自内心地尊重对方，那么他自然也能够得到别人的敬重。

　　"宽"，就是宽厚。人们在交往时常常会有意见不合的情况，心胸狭窄的人往往喜欢没有休止地去说服别人，直到别人都同意他的观点和做法为止，当别人犯了错误便会抓住不放，这样的人是很讨人厌的。而仁者待人宽厚，心胸广阔，能够包容别人的缺点和错误，以及与自己不同的观点和看法，也就能够得到大家的拥护了。

　　"信"就是诚信，这是孔子多次谈到过的重要品德。与人交往，诚信是最基础的。如果一个人没有诚信，别人就无法信任你，那么也就不敢把事情交给你去做。就像学生都会有自己的档案，而这份档案就像你的信用簿一样，记载着你曾经取得的荣誉和犯下的错误。等到面试找工作的时候，招聘部门首先会根据学生档案的记录来淘汰掉信用低的人。所以我们只有成为一个靠谱可信的人，以后才有机会得到别人的任用，从而在工作中受到重用。

"敏"就是勤敏，孔子说"敏则有功"，意思是一个人做事勤劳敏捷，工作效率就提高了，那么也就更容易做出成绩。孔子提出仁者说话要"讷"，但是做起事情来却要"敏"，也就是要"讷于言，敏于事"。

"惠"就是给别人带来好处。孔子认为，只要你善待别人，尽己所能地去帮助别人，那么别人自然会记着你的好，愿意为你做事，听你的领导。正所谓"以德报德"，当你恩惠他人，他人自然也会回报你，这就是孔子所说的"惠则足以使人"。

第六十讲

子夏曰："博学而笃志，切问而近思，仁在其中矣。"（《论语·子张》）

[译文]

子夏说："广泛地学习并且坚守自己的志向，恳切地提问并且多思考眼前的事，仁德就在这中间了。"

● 子夏在孔门弟子中以文化造诣出色而闻名。他认为，一个人能够做到博学、笃志、切问、近思四项，那么便算得上仁了。复旦大学的校训"博学而笃志，切问而近思"就是出自这里。

博学，就是要广泛地学习，不断提升自己的文化素养。笃志，就是要坚守志向。尤其是遇到困难的时候，更是不能够迷失自己的初心。正如孔子一样，身处乱世，哪怕明知道自己的主张行不通，也依旧选择逆流而上，坚持初心。切问，就是恳切地发问。首先，真正懂得学习的人，一定是懂得发问的人，因为只有经过自己的思考，才能提出问题。其次是要"切"，"切"就是紧迫、急切。有了问题要及时请教，否则时间一久，问题会越积越多，也容易遗忘。所以我们千万不要害羞，不要觉得问问题是一件丢人的事情，遇到问题就要及时发问，这样才能真正进步。近思，就是要思考当下的问题，不要不切实际。

[论而成语]

● 博学笃志：在求学的道路上永远志向不移，尽力使自己成为知识丰富、见识广博的人。

● 切问近思：对各种各样的问题，提出真切的发问，并进行认真的思考。

仲由字子路，卞人也。少孔子九岁。

（叛贼）击断子路之缨。子路曰：“君子死而冠不免。”遂结缨而死。

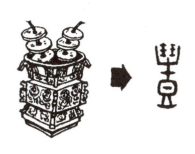

专 题 七

"礼"这个字，原本写作"豊"（lǐ），它的字形看起来就像是一个青铜器里面放着两串贵重的玉，这些都是用来祭祀的礼器。后来因为"豊"字和"豐"（丰）字看起来太相似了，经常被人混淆，于是人们又在"豊"旁边加上一个表示祭祀用的桌子的"示"字，就成了"禮"。"礼"最初的意思与祭祀有关，就是"敬神""礼神"，后面又产生出尊敬、礼貌、礼节等意思。

古典时代的礼

《韩非子》里面记载了这么一个关于君臣之礼的小故事：

一次，晋平公和臣子们在一起喝酒。喝

得痛快了，他便感慨地说："没有什么比做国君更快乐的了！只有他说的话没有谁敢违背！"当时，师旷（晋国的乐师）正在旁边陪坐，听了这话，二话不说，拿起他的琴便朝晋平公撞了过去。吓得晋平公连忙收起长袍躲避撞击。于是琴撞在墙壁上撞坏了。

晋平公平复了一下情绪以后问他："太师，您这是要撞谁呀？"师旷也不直说，而是故意回答道："刚才有个小人在这里胡说八道，所以我气得要拿琴撞他。"晋平公听了后疑惑地说："太师，刚刚在这里说话的人是我呀。"师旷讽刺地说："哟！那可不是做君主的人应说的话啊！"晋平公旁边的臣子见状都认为师旷冒犯了上级，要求惩罚他。晋平公却说："放了他吧，我要把这件事情当作一个警告，用来警醒自己。"

要是这个故事放在现在来看，晋平公可以算得上是一个宽容的知错就改的君主，师旷这样劝谏的行为虽然做得有些过分，也称得上是一个勇敢的臣子。但是，在那个时代，这个故事其实是在批评他们的"失礼"行为。孔子说君臣之间的礼，就是君君、臣臣，意思是君主要像个君主，臣子要像个臣子。认为对方做得不对，就给予惩罚，这是君主对臣子才能有的做法；身为臣子，如果认为君主的行为不对，就勇敢地陈述自己的意见，如果善意劝告以后君主仍然不听，那么也只能离开他，却不能够惩罚他。

现在，师旷认为晋平公说了君主不该说的话，本可以选择直接劝诫他，却二话不说就拿琴去撞晋平公，这是颠倒了君臣的位置，因而失掉了臣子的礼节。而晋平公身为君主，说出那样有失君德的话，已经犯下了大错，而师旷做了违礼犯上的事，他也没有给予惩罚。晋平公没有原则的宽容将会造成的后果，就是别的臣子都可能模仿师旷，对君主采取暴力的进谏方法，那么君主将失去威严，国家也迟早会失去秩序。所以说，在这个故事中，晋平公失去了做君主的原则，而师旷也失去了做臣子的礼节。

我们可以看出，"礼"在中国古代作为一种道德规范和典章制度，它是所有人一切行为的标准，也是非常有约束力的。而且古代的礼是很讲究等级，讲究尊卑和贵贱的，同时，它的规定也很细致，很复杂。大的方面会涉及两个国家之间的交往，小的层面也包括普通百姓的说话和行为。古典时代的"礼"更偏向一种制度和规矩，这与今天我们熟悉的讲礼貌是不一样的。

"礼"文化发展到今天，随着社会的变革和进步，其内容也不断发生着改变和调整。但它依旧是我们生活中与别人交往非常重要的道德行为规范，只是没有古代那么严格的制度性了。比如使者访问外国会有专门的外交礼仪，学生和老师之间、子女和父母之间、朋友与朋友之间、下级与上级之间的相处也有不同的模式，而这个相处模式的背后，其实就蕴藏着新时代的礼文化。"礼"不仅可以拉近人与人之间的距离、化解人与人的矛盾，也能够在一定程度上维护社会的秩序。所以，成为一个懂"礼"的人，传承"礼"文化是非常重要的。

现在，让我们一起来学习《论语》中所记载的"礼"吧。

第六十一讲

有子曰："礼之用，和为贵。先王之道，斯为美；小大由之。有所不行，知和而和，不以礼节之，亦不可行也。"（《论语·学而》）

[译文]

有子说："礼的作用，以使人的关系和谐最为可贵。过去圣明的君主治理国家，可宝贵的地方就在于这样做：他们无论大事小事都遵从礼的规定。有行不通的时候：单纯地为了求和谐而去和谐，不用礼来加以节制，也是不可行的。"

● 在这里，有若讨论的是"礼"的作用。他认为礼最宝贵的作用就在于能够使人与人之间相处和睦，使得社会和谐稳定。从前的帝王比如尧、舜、禹等治理国家，无论大小事情都依照礼的原则来处理政治，管理百姓，这就是他们能够获得成功的秘诀。也就是说，"礼"外在的表现是一系列的规定、制度，而它的内在核心是"和"。每个人都是不同的个体，难免会有差异，因而也容易产生矛盾，礼则能够使集体中的每一个人在礼的原则下和睦相处，变得十分合群，团结友爱，这也就是《千字文》里说的"上和下睦"。

● 既然"礼之用，和为贵"，那么我们直接追求"和"而废去"礼"，可不可以呢？有子说，如果凡事都为了讲和谐而和谐，不受礼的约束，那样也是行不通的。简单地讲就是只有以礼的方式才能达到真正的和谐，这样"和为贵"才行得通。为了和谐而和谐，以"和"的名义来破坏"礼"是行不通的。人与人之间都存在着差异，我们不能为了和气而想着去消除差异，而是应该通过"礼"的外在约束作用来规范和调节人与人之间的关系，从而达到"礼"的内在目的，也就是社会的和睦与安定。儒家提倡的"和"并不是没有原则的调和、妥协，而是在礼的约束下的和谐，这才是人们既宽容又理性的体现。

> ● 礼之用，和为贵：所有的礼仪、礼节，最宝贵的地方在于能够使人亲近、团结。
>
> ● 小大由之：能力大的人就去做责任重大的事，能力小的人就去做责任相对小的事，不能强求。

第六十二讲

子张问："十世可知也？"子曰："殷（yīn）因于夏礼，所损益，可知也；周因于殷礼，所损益，可知也。其或继周者，虽百世，可知也。"（《论语·为政》）

[译文]

子张问："今后十代（的礼仪制度）现在可以预先知道

吗？"孔子说："殷商承袭夏代的礼制，其中所废除的和增加的内容是可以知道的；周代继承殷代的礼制，其中所废除和增加的内容，也是可以知道的。那么，以后如果有继承周代的朝代，就算是在一百代以后，也是可以预先知道的。"

[扩展学习]

● 世：在古代，一年可以称作一岁、一载、春秋。而三十年则被称为一世，一世为一代，所以常常将"世代"连用。因此，这里的十世指的是三百年，百世指的是三千年。

● 子张对政治是很感兴趣的，在这里，他向孔子提出了一个与历史发展规律相关的问题，即三百年以后的礼乐制度和社会文明水平，现在能不能预先知道。孔子给了他肯定的回答，并且将如何预知未来的秘诀告诉了他。孔子认为，只要认真考察历史，就能够从中发现社会发展的一般规律，而根据这个规律，我们便可以推算出未来的事物。简单来说就是遵循历史规律，预测未来。

而这个规律是什么呢？他说，殷商时代的礼法大多是继承夏朝而来的，其中所增减的地方，我们通过考证都可以知道。周朝的礼制则是在继承商朝的基础上发展起来的，其中所增减的内容，也能够通过考证得知。所以历史上各个朝代的制度虽然不断在改变，但只是在前朝政策上有所增加或删减，总有一些核心的思想内容是始终不变的。按这个规律，即便是百世以后的事情，我们照样可以推测出来。

孔子在这里讲的其实是历史发展中存在制度沿革（继承或者改变）的规律。每一个时代的制度都会保留着它延续自上一代甚至很多代之前制度的痕迹。比如说，西汉继承秦朝的政治管理制度，延续了中央的三公九卿制和地方的郡县制，废弃了秦朝的严刑峻法和过度劳役，改为休养生息，从而创造了西汉盛世。而后的朝代都是在继承前朝礼法的基础上扬长避短，略加损益（减少或者增加）。而其中的精华部分则是会一直被保留并且发扬创新的。

所以说，历史虽在不断发展，但是文明与制度本身也存在着连续性的继承与发展，只要按照"取其精华，去其糟粕"的沿革规律，我们就能够预测出未来的社会样貌。

第六十三讲

子贡欲去告朔（shuò）之饩（xì）羊。子曰："赐也！尔爱其羊，我爱其礼。"（《论语·八佾》）

子贡想要把每月初一告祭祖庙的活羊废去不用。孔子说："赐呀！你爱惜那只羊，我则是爱惜那种礼。"

[扩展学习]

● 告朔：古代农历根据月相的变化，以朔、望来指代每月的初一以及每月的十五或十六。朔就是当月亮阴暗的一面对着地球，人们看不见月亮的日子。而望就是当月球朝向地球的一面照满太阳光，人们能够看见满月的日子。告朔则指的是周天子每年定时向诸侯颁布来年的历书，包括指明每月的朔日是哪一天，因此就叫"告朔"。告朔饩羊是古代的一种祭礼制度。国君与诸侯在每月朔日的时候要向天地祖宗禀告自己的所作所为，是很郑重的，因此告朔的时候一定要杀羊。

● 子贡是个大商人，商人思考问题总是从经济的角度出发，去考虑划算不划算。所以他觉得拿羊来祭祀是划不来的，因此想要废去每月初一告祭祖庙的羊，但是孔子却不赞同。之前我们已经学过"朋友之馈，虽车马，非祭肉，不拜"（《论语·乡党》），可以看出孔子认为祭祀用的肉比车马还要珍贵，在这里也是一样，孔子认为财物和礼制这两样比起来，他更看重礼制。

　　按照周礼，国君是要亲自到祖庙参加告朔饩羊之礼的。可是到春秋末期，这些礼的精神已经慢慢衰落了。鲁国从文公开始就不再亲自到祖庙告祭，只是杀只羊走走形式和流程罢了，但是羊存则表示告朔之礼还没有完全废除。而子贡却因爱惜羊连这一步也要省去，所以遭到了孔子的反对。因为在孔子看来，这只羊代表了一种礼的存在，是一种仪式感。哪怕这只是一个形式，也要保留下来，如果连祭祀的羊都省掉的话，那么告朔饩羊之礼就完全没有意义了。

　　子贡的做法忽略了礼仪形式的重要性。今天的我们也许会觉得内心真诚才是最重要的，仪式只是表面的东西，不用拘泥。但其实礼的内在精神和礼仪形式是相辅相成，密不可分的。仪式感不仅是内心真诚的体现，同时也是一种提醒和约束。人生与社会都需要这样的仪式感，比如春节团圆、国庆节阅兵、学校的开学典礼和毕业典礼……这些礼仪形式对个人和社会来说的意义都是非凡的。孔子正是明白仪式感的重要性，才不愿意废弃告朔之饩羊。

> ● 告朔饩羊：表示在一种制度或者礼节中重要的、不能省略的环节。

第六十四讲

定公问："君使臣，臣事君，如之何？"孔子对曰："君使臣以礼，臣事君以忠。"（《论语·八佾》）

[译文]

鲁定公问："国君役使臣子，臣子服事君主，各自应该怎么做？"孔子回答道："君主应该按照礼节来役使臣子，臣子应该用忠心来服事君主。"

[扩展学习]

● 定公：鲁国第二十五任国君，姬姓，名宋，是鲁昭公的弟弟，鲁哀公的父亲。在位十五年。定公继位时鲁国的大权被季孙氏、孟孙氏和叔孙氏三家控制，于是便召见孔子谈论政事。并在孔子的陪同之下参加了齐鲁的"夹谷之会"，收回了汶阳。他对孔子很信任，让孔子当了大司寇，负责国内治安。孔子也终于获得机会，开始推行他的政治主张，可以说孔子政治生涯的巅峰时期，就是鲁定公在位的时候。

● 鲁定公之所以会问孔子这样的问题，与当时鲁国的国情是有关的。当时三家掌控大权，而定公虽名为一国之主，但实际上手中没有实权。所以他问孔子，国君役使臣子，臣子服事君主，各自应该怎么做？而孔子的回答是，君主应该按照礼节来役使臣子，臣子应该用忠心来服事君主。孔子曾经说过"君君、臣臣"，而具体怎么做，则在这里得到了阐释。

要注意的是，君臣之礼是相互的，而不仅仅是对臣子的要求。君主对臣子也要以礼相待，才能获得臣子的尊敬和信任，使他们也能够受到感召，忠心地服事君主。而身为臣子，也要尽心竭力地完成任务，对君主忠诚。这其实也是一种以心换心的思想。孔子这番话所蕴含的价值不仅是在君臣之间，人与人之间的相处都应该这样。只要双方都受到"礼"的约束和感召，在要求对方的同时也要求自己，把握住这个精要的秘诀，那么复杂的人际关系也会变得简单许多，社会也将变得更稳定、更和谐。

第六十五讲

子曰："能以礼让为国乎，何有？不能以礼让为国，如礼何？"（《论语·里仁》）

[译文]

孔子说："能够用礼让的原则来治理国家吗，难道这有什么困难吗？如果不能够用礼让的原则来治理国家，又怎样来对待礼制呢？"

[扩展学习]

● 这一则语录孔子讲的是治理国家必须要依照"礼让"的原则。"礼"是人人都应该遵守的行为规定，因此，统治者依照礼的原则来处理事情就会比较得当、合理，能够使人信服。这就有点类似于今天的依法办事，这样做便不容易因为不公正、不合理等原因产生私人矛盾和纠纷，所做出的决定便具有信服力了。

而统治者在依照规章制度办事的同时如果又能够做到谦让，懂得首先去尊重他人的意愿和权利，多为别人考虑一些的话，那么他人也会"以德报德"，反过来给予你尊重和谦让。

如此一来，人与人之间便能互相尊重、互相谦让，社会也就能够更加和谐，上下无争了。所以孔子说，能够用守礼谦让的原则来治理国家，便成功了，如果不能做到，那么也就无法实行礼制了。

第六十六讲

子曰："恭而无礼则劳，慎而无礼则葸（xǐ），勇而无礼则乱，直而无礼则绞。君子笃于亲，则民兴于仁；故旧不遗，则民不偷。"（《论语·泰伯》）

[译文]

孔子说："一味恭敬却不知礼，就未免会劳倦疲乏；只知道谨慎小心却不知礼，便容易胆怯懦弱；只是单纯的勇猛却不知礼，反而会因莽撞行事而作乱；一味心直口快却不知礼，便会显得刻薄伤人。君子能用深厚的感情对待自己的亲人，那么老百姓就会努力走向仁德；君子不遗忘、背弃他的老朋友，那么老百姓便不会对人冷漠薄情了。"

● 恭敬、谨慎、勇敢、率直这四种都是美好的品德，但是孔子却说，如果这些品德没有礼的节制，那么它们"劳""葸""乱""绞"的弊端就会显露出来。如果恭敬过度就会劳倦疲乏，就好像小朋友们遇到老师时应该鞠躬敬礼，这是礼貌的体现，但是如果见到谁都敬礼，那就太过劳累了。为人处事应当谨慎小心，但是如果谨慎过度就会走向胆怯懦弱，就好像老师课堂提问，有的小朋友明明知道答案，但是因为害怕失误，总是不敢举手回答，慢慢地会连表达的勇气都失去了。勇敢是我们需要的，但是一个人如果有勇无谋，勇猛过度反而会坏了大事。率直也是值得被夸赞的，但是一个人的率直如果不分情况、不分场合，那么就会刺伤人。比如你的好朋友考了不及格，你不安慰鼓励他，而是直说你不聪明还不努力，不及格也是应该的，也许这是事实，但实在是太刻薄伤人了。

这是在说礼的重要性，所有美好的品德都不是孤立存在的，而是应该由礼来统一，只有在礼的规范和指导下，这些品德的实施才能够符合适度的准则，成为真正的美德。

● 孔子又说，如果君子能够用深厚的感情来对待自己的亲人，在这方面做出良好的表率，那么就能够引导社会风气变得越来越好，老百姓也会努力走向仁德。偷，在这里是薄情、不厚道的意思。孔子是一个很重交情的人，如果一个人飞黄腾达以后就忘记以前的老朋友，不念一点旧情，这样的人是非常淡漠薄情的。所以孔子要求上位者做到"故旧不遗"，这样才能使"民不偷"，社会也将不再冷漠。这讲的是君子对于社会群众和风气的引领作用。

第六十七讲

子曰："兴于《诗》，立于礼，成于乐。"(《论语·泰伯》)

[译文]

孔子说："(在教育中)学习《诗经》可以使人情感振奋，学习礼可以使人在社会上站得住脚，学习音乐可以让人在音乐的熏陶之中完善人格。"

[扩展学习]

● 这一句话，孔子讲出了他认为一个人所需要修习的三方面内容，即《诗》"礼""乐"。这就是所谓的"诗教""礼教"和"乐教"。

关于《诗》教，也就是学习《诗经》，我们在前面的内容里已经讲到过"《诗》，可以兴，可以观，可以群，可以怨。迩之事父，远之事君；多识于鸟兽草木之名"（《论语·阳货》），可见学习《诗经》的作用有多么全面和广泛。《诗经》是一个人终生学习的起点。

一个人想要在社会上站得住脚，那么他必须学会如何与他人相处，必须能够适应社会的规则，而"礼"作为全社会的典章制度，只要你能做到知礼、守礼，那么自然也就能够立足于社会了。

在中国传统文化中，雅正的音乐具有陶冶性情、让人变得温柔敦厚的功能，所以乐教也是传统教育中非常重要的一个环节。

《诗》教对应文化知识培养，礼教对应行为规范培养，乐教对应道德性情培养，可以看出，孔子所提出的教育理念非常完善，也非常领先，甚至和现代教育的观念非常吻合，真不愧是万世师表。

第六十八讲

子曰："麻冕（miǎn），礼也；今也纯，俭，吾从众。拜下，礼也；今拜乎上，泰也。虽违众，吾从下。"（《论语·子罕》）

[译文]

孔子说："用麻线来编织礼帽，这是合乎传统的礼制；如今大家都用丝料来制作礼帽，这样省俭些，我也赞成大家的做法。臣子见君主，先在堂下磕头，然后升堂又磕头，这是合乎传统的礼制；现在大家都免除了堂下的磕头，只是升堂后磕头，这是傲慢的表现。虽然违反了大家的意愿，我也仍然主张要先在堂下磕头。"

[扩展学习]

● 冕："冕"字的本义是用带子系于下巴的古代礼帽，麻冕就是用绩麻做的礼帽。而"纯"在这里是指黑色的丝料。为什么孔子说"今也纯，俭"呢？依照周礼规定，做礼帽要用二千四百缕经线。但是麻的质地较粗，必须织得非常细密，这就很费工时。而丝的质地本来就细，所以更容易织好，从这个角度来看便更俭省一些。

● 泰：在这里是傲慢的意思。这句讲的是古代拜见君主的礼仪。按照周礼规定，拜见君主，需要先在堂下磕头行礼，然后升堂，到堂上再磕头。而到了孔子那时候，却把堂下那一次跪拜省去了，直接到堂上磕头。这样做，就显得傲慢不恭了。所以孔子说，即便大家都不愿意"拜下"，他也要坚守礼的标准，堂下堂上跪拜两次。这既是对君主的尊敬，也是对"礼"的敬意。

● 这则语录讲述了孔子对待有关"礼"的两件事情的不同看法，当大家都用丝来代替麻布做礼帽的时候，因为这样俭省了工时，并且做礼帽的心意不减，所以孔子认为是能够改进的，对此表示赞同。而当大家把面见君主时的两次跪拜省去一次的时候，孔子认为这是由于内心的敬意减少了，因此即便违反大家的意愿，他也不赞同。这两种不同的态度体现的是孔子对于"礼"的精神的坚守与维护，并且这种坚持是变通的、开明的，是与时俱进的。在不减少内心的诚敬的情况下，礼的形式可以根据实际情况改进，但是如果礼仪形式的减少是因为内心不诚而导致行为的简略、傲慢，那样孔子是坚决反对的。

第六十九讲

孔子曰：“天下有道，则礼乐征伐自天子出；天下无道，则礼乐征伐自诸侯出。”（《论语·季氏》）

[译文]

孔子说：“（如果）天下政治清明，那么制礼作乐以及出兵征伐的命令都由天子下达；（如果）天下政治昏乱，那么制礼作乐以及出兵征伐的命令便都由诸侯下达了。”

[扩展学习]

● 礼乐征伐：“礼”就是指国家各类典章制度的总称；“乐”则包括音乐和舞蹈，因为贵族享用的乐的规模必须符合礼的规定，于是乐就成了礼的象征。“征”与“伐”都有出兵攻打的意思，但在古代两者稍有区别。“征”最初用于天子攻打诸侯，是上对下的征讨，且一般是攻打无道的诸侯，属于正义的战争。而“伐”一般用于平级之间的相互宣战，而且是要公开的，出兵的进退都有号鼓声指挥，不是侵袭那样偷偷摸摸的。在这里，礼乐指的是规章制度，征伐则是公开的军事行动。

● 这句话是孔子根据对春秋时期政治形势的分析而得出的结论。在古时候，礼乐征伐是最高权力和最高权威的象征，制礼作乐和出兵打仗的决定都只能由天子来下达。孔子考察历史发现，当天下政治清明的时候，那么国家的最高权力都掌握在天子手里，而当社会动荡、政治昏乱的时候，那么发号施令的权力便会被诸侯和权臣所夺取。纵观历史，当统治者治理国家治理得好的时候，那么臣子和老百姓就都会遵守你定的规矩，天下也就太平了。如果你治理得不好，那么大家就不愿意听你的，而是各自守各自的规矩。手下就会想着自立门户，老百姓也可能发动起义，那么国家就会陷入动乱之中。所以要想自己的统治能够长久安定，那么统治者必须先做到"天下有道"，这也是孔子给当时的各国君主们重要的启示。

第七十讲

子曰："礼云礼云，玉帛（bó）云乎哉？乐（yuè）云乐云，钟鼓云乎哉？"（《论语·阳货》）

孔子说："礼呀礼呀，仅仅说的是玉器和丝帛这类礼器吗？音乐呀音乐呀，仅仅说的是钟鼓这类乐器吗？"

[扩展学习]

● 礼乐制度：相传周武王灭商以后，把同姓宗亲和异姓功臣分封到各地做诸侯，形成以周天子为中心的封建统治秩序。而因为周成王继位的时候年纪还很小，周公姬旦便制定了各种典章制度以帮助他维护统治秩序。这就是周初周公"制礼作乐"的由来。周公制定的"礼"，是国家政治准则、道德规范和各项典章制度的总称，而"乐"则是配合各贵族进行礼仪活动而制作的乐曲和舞蹈。因为舞乐的规模必须符合礼的规定，往往也可看作是制度的象征，因此古时候"礼乐"常常合称，用以指代礼制。

● 在这里，孔子指出，礼和乐说的不仅仅是玉器、丝帛和钟鼓这类器具，那么具体是指什么呢？孔子曾经说过："人而不仁，如礼何？人而不仁，如乐何？"（《论语·八佾》）意思就是说，一个人如果没有仁爱之心，那么他又能怎样去对待礼和乐呢？礼和乐最重要的是它们所蕴含的仁的精神，失去了仁爱之心的礼乐，不过是一种束缚而已。所以，孔子在这里讲的是礼与乐有具体的表现器物，但是更重要的是它们背后的核心，即"仁"。礼与乐都是仁的外在表现，而仁爱之心才是礼乐最本质的内涵，并非那些礼器和乐器。

当社会发展到孔子的时代，仁的精神已经衰落了，礼乐也只剩下玉帛钟鼓这些表面形式上的东西，贵族和权臣们只是将礼乐作为自己奢侈享乐的道具。面对这样的历史现状，孔子发出了深深地叹惜。

端木赐，卫人，字子贡。少孔子三十一岁。

子贡一出，存鲁，乱齐，破吴，强晋而霸越。子贡一使，使势相破，十年
之中，五国各有变。

"智"这个字，上面是一个"知"，下面是一个"日"。它最早写作"知"。"知"由"矢"和"口"组成，从图像上来看就是一根箭矢旁边有一张嘴巴，意思是对于知道的事情就像放箭一样脱口而出，表示懂得、知道。从这里又引申出知识、聪明、智慧等含义。后来在"知"下面加"日"构成"智"，是为了和"知"字的其他意义区别开来，专门表示智慧、聪明的含义。

在《论语》中，"知"字在很多情况下表示"智慧"的"智"。当表示"智"的时候，"知"字读作四声 zhì。我们在本章中涉及"知"的内容，实际上就是关于孔子讨论"智慧"的内容。

西方智者苏格拉底的智慧

苏格拉底是古希腊非常著名的思想家、教育家和哲学家，也是当时人们公认的"智者"，他生活的时代和孔子非常接近，所以也有人称他为西方的孔子。苏格拉底出生于雅典一个普通民众的家中，外貌也十分普通，五官只能勉强算得上是端正，他的嘴唇十分肥厚，眼睛又非常突出，身材也很矮小，可正是在这样毫不起眼的，甚至还有一点怪异的外表之下，却寄居着一个充满智慧的灵魂。

小时候的苏格拉底就十分热爱学习，他对于知识有着无穷无尽的渴望。不仅仅是自己对知识充满着热爱与追求，苏格拉底还经常通过交谈的方式引导别人学习。他在三十岁的时候成了一名免费教学的教师。苏格拉底对于自己这样的生活感到十分满意，因为对于他来说，活着的意义就是通过与不同的人讨论问题，通过学习，不断获得新的知识。所以他的日常生活几乎都是在街上和各种各样的人探讨各类问题，涉及的内容还十分广泛，不仅仅是在政治、哲学方面，也包括普通人的生活技能。可以说，苏格拉底不是在学习，就是在学习的路上。

正因为苏格拉底表现出来的高超的智慧和他对知识的狂

热追求，他逐渐成了远近闻名的智者，甚至被认为是雅典最有智慧的人。而苏格拉底听说了这样的传闻以后，不但没有感到开心，反而非常的苦恼和疑惑。因为在他自己看来，他只不过是一个一无所知的人，一个无知的人又怎么会是智者呢？又怎么谈得上是全雅典第一聪明的人呢？他说过一句非常有名的话，叫作："我只知道一件事情，那就是我什么都不知道。"

苏格拉底真的像他自己说的那样是一个一无所知的人吗？当然不是。苏格拉底说他自己什么都不知道，其实是因为这位智者在世界的博大中深刻地认识到了个人的渺小。所以，苏格拉底说自己"无知"，不仅不是真的无知，他能有这样的自我认知，才是他真正伟大、真正智慧的地方。

这种热爱智慧、崇尚知识的精神，和我们中国的孔子几乎是一样的。现在，让我们一起来看看，在古老的东方，同样拥有大智慧的孔夫子眼中的"知（智）"是什么样的吧！

第七十一讲

子曰："由！诲女（rǔ）知之乎！知之为知之，不知为不知，

是知（zhì）也。"（《论语·为政》）

[译文]

　　孔子说："子路啊，我教给你对待知或者不知的态度吧！知道就是知道，不知道就是不知道，这就是智慧啊！"

[扩展学习]

　　● 现实生活中，究竟有没有无所不知的人呢？庄子曾经说过"知也无涯"，意思是知识是无边无际，没有穷尽的。实际上，没有人能真正做到无所不知。但是总有些人，喜欢装出自己什么都懂的样子，为了面子，不知道的也要强装知道。子路就是一个性格直率鲁莽，又很喜欢逞强的人，所以孔子特地教给他对待知或不知的正确态度，那就是"知之为知之，不知为不知"，这既是一种求知的途径，也是一种智慧的体现。

　　智者，是清楚地知道自己"知"与"不知"的人，并且智者永不满足于已知的知识，而将一直努力地追求新的知识。对于具体的事物，知道的就说知道，不知道的则是虚心去学习，变不知为知之。只有这样，才能不断进步，知识才会累积起来。但是有些虚荣心极强的人，总是会觉得承认自己不懂是一件很丢人的事情，所以便要强装知道。

不懂装懂是非常可惜的，这会让我们错失许多获取知识的机会。而智者由于知道自己还有许多未知的东西，反倒像一个无底洞一样，能够源源不断地吸收新知识，永不满足，从而不断地提升自己，慢慢变得更加博学。有不知道的东西是很正常的事情，不懂并不丢人，只要勇于正视自己的不足和疑惑，通过学习，就能把不知变为知之，这便是求学的智慧。

[论而成语]

● 知之为知之，不知为不知：坦诚地承认自己在知识的某些方面有所欠缺，同时对自己真正掌握的知识也要充满信心。

第七十二讲

子曰："里仁为美。择不处（chǔ）仁，焉得知（zhì）？"
（《论语·里仁》）

孔子说："住的地方，要有仁德之风才算是好的。选择没有仁德之风的地方居住，就是不明智的做法了。"

[扩展学习]

● 里："里"原来指《周礼》当中记载的"五家为邻，五邻为里，五百家为党，一万二千五百家为乡"。意思就是在周朝，二十五家的规模称为一里。后来北魏时期的孝文帝又进行了改革，实行"三长制"，即"五家为一邻，五邻为一里，五里为一党"。"邻里乡党"就是泛指一乡的人，同乡。"里"在这里当作动词来使用，是居住的意思。

● 在这一则语录中，孔子认为"里仁"是"知"的体现。意思是人选择居住在有仁德之风的地方才是明智的做法。这是强调了在人的成长过程中外部环境影响的重要性。中国古代有一个非常有名的故事叫作"孟母三迁"。讲的是孟子在很小的时候父亲就去世了，他的母亲独自抚养他长大。一开始他们住在墓地旁边，孟子就学着大人跪拜、哭泣的样子玩办丧事的游戏。孟母觉得这样对儿子的成长不利，就带着他搬到了集市上。不料孟子又学着商人玩起了卖东西的游戏，孟母看见了，决定再次搬走。他们的第三个落脚点是一所学校旁边，孟子看着学校里的人守秩序、懂礼貌的样子，也跟着学了起来。孟母看到后非常高兴，就在那里定居了下来。孟子长大以后之所以能有大成就，可以说和他的成长环境有着十分重要的关系。中国古代还有"近朱者赤，近墨者黑""耳濡目染"这样的成语，这都在告诉我们一个道理，那就是环境能够在一定程度上改变一个人。所以孔子说，聪明人为了使自己能受到良好的熏陶，变得更加优秀，就一定会选择居住在民风仁德的地方，与德行高尚的人相处、学习，这样就能使自己也变成他们当中的一分子。

[论而成语]

● 里仁为美：选择住处的时候，一定要挑选风气好的地方，这样才能让自己和善良、优秀的人相处在一起。

第七十三讲

子曰："不仁者不可以久处（chǔ）约，不可以长处乐。仁者安仁，知（zhì）者利仁。"（《论语·里仁》）

孔子说："不仁的人不可以长久地居于穷困之中，也不可以长久地居于安乐之中。有仁德的人安心于仁道；有智慧的人可以活学活用仁道。"

[扩展学习]

● 在这里，孔子提到了不仁者、仁者、智者三类人。对于"不仁者"，孔子说，不仁德的人不可以长期处在贫困状态，也不能够长期处在安乐状态。这是因为，没有仁德的人心中便没有道义的标杆，一旦长期贫穷，那么他就会坑蒙拐骗，偷鸡摸狗；一旦长期安乐，也容易变得骄奢淫逸，堕落下去。仁者有仁义的本心，因此不会被外界事物轻易动摇，无论在什么样的环境中都能够保持初心，安于仁义，不会因为身处贫困或富贵而心志动摇。而"智者"则是"利仁"，有智慧的人知道实行仁道对自己有好处，因而将仁德作为自己立身处世的准则，为自己所用。就好像有的人努力学习并不是出于对知识本身的热爱，而是他们知道只学习知识对自己是有好处的，只有这样自己才能变得优秀，将来才能够成功，这就是"知者利仁"。

当然，仁德本身也是一种智慧，并且是一种高级的智慧。

仁德之人因为心中有所依靠，因此能够像山一样沉稳，不仅自己安心，还能够使别人都信任他，敬爱他，想去依靠他，这种利人利己的生活境界是极高的。可以说仁者在智慧方面是智者的进阶版。但在现实生活中，人们要一下子达到"仁者安仁"是极其困难的，对于大部分人来说，首先能拥有"知者"一般的生活智慧便很好了。

[论而成语]

- 仁者安仁：具备仁德的人依据仁德立身处世，便会心安理得。
- 知者利仁：智慧的人因为知道实行仁德会给自己带来好处，所以也会依据仁德来行事。

第七十四讲

子曰："臧（zāng）文仲居蔡，山节藻棁（zhuō），何如其知（zhì）也？"（《论语·公冶长》）

孔子说："臧文仲为产自蔡地的大乌龟盖了一间房子，房中有雕刻成山形的斗拱和画着藻草的梁柱，他这样做算是一种什么样的聪明呢？"

● 臧文仲，姓臧孙，名辰，是春秋时期鲁国的大夫，一共服事了鲁国庄公、闵（mǐn）公、僖（xī）公和文公四位国君。他的执政才能非常高，而且非常博学广知，在军事和外交方面，更是展现出过人的才能。臧文仲对鲁国的发展起到了非常大的推动作用，在当时很受人们的尊崇。

● 臧文仲在当时被人们认为是"智者"，但是孔子却不赞同。他承认臧文仲的才能与聪慧，但是他并不认为臧文仲算得上是真正的智者。原因就是"臧文仲居蔡，山节藻棁"。这句话理解起来有一定难度，首先"居蔡"不是指他住在蔡这个地方。"居"在这里是收藏、安置的意思。"蔡"则指代的是早期国君用来占卜的大龟，由于蔡这个地方盛产大龟，所以就用蔡来指代大龟。而按照周礼的规定，大龟是要由专门的人来掌管的，臧文仲就是鲁国的掌龟者，所以"居蔡"即是将占卜用的大龟收藏在屋子里，这是他的职责。

"山节藻棁"是一种非常华丽的装饰。"节"是指柱子上的斗拱，"棁"是指房梁上的短柱。所以"山节藻棁"就是指屋子里装饰有刻着山形的斗拱和画着藻草的梁柱。整句话的意思就是说，臧文仲用来收藏大龟的屋子采用的是"山节藻棁"这种装饰法。占卜用的大龟在古时候是非常重要的器物，臧文仲负责收藏它，用装饰华丽一些的屋子看起来也不算过分，可是为什么孔子说他这样做就是不明智的呢？

　　原来，"山节藻棁"在那时候是只有天子宗庙才能使用的装饰方法，以臧文仲的地位和资历不可能不知道这一点，但是他却仍然越级使用了这种装饰法来装饰自己收藏大龟的屋子。这是一种对于礼法的违背，也是一种对于君主的冒犯，因此孔子才说他虽然有过人的才能和聪慧，但是他却明知故犯，违反礼制，当然算不上智者。在孔子看来，智者不仅仅是聪明有才就够了，而是一定要清楚自己的身份，并且明确知道自己该做什么，不该做什么。哪怕他功绩显赫，受人推崇，也应该安守本分，时刻保持清醒，这才是智者应有的境界。

> ● 山节藻棁：形容一个人的住处过于奢华。奢华程度甚至超越了自己的身份地位。

第七十五讲

子曰："宁武子，邦有道则知（zhì），邦无道则愚。其知（zhì）可及也，其愚不可及也。"（《论语·公冶长》）

[译文]

孔子说："宁武子这个人，在国家政治清明时就聪明，当国家政治黑暗时就装糊涂。他的聪明是别人可以做得到的，他的装糊涂，别人是赶不上的。"

[扩展学习]

● 宁武子，名俞，"武子"是他的谥号（死后追封的称号），他是春秋时期卫国的大夫。典籍里也叫他"宁武""宁子"或者"宁生"。

● 在这里，孔子给了宁武子相当高的评价，说他在国家政治清明的时候就把自己的聪明智慧展露出来，但是当政治昏暗混乱的时候，他就藏起自己的智慧，开始装出一副愚笨的样子。而这种"愚"，是别人很难学得来的，是更高境界的"知（智）"。

一般来说，在政治稳定、社会秩序良好的时候，整个社会往往具有鼓励人们发挥自己的个人才智的社会风气。那么在这种好的环境里，个人有什么才华、能力、智慧，就应该毫无保留地释放出来，这就是所谓的"有道则知"。

反过来说，当政治昏暗的时候，一个人如果还是一味地显摆自己的聪明，只会让自己陷入极度危险的境地。在不好的环境里，只有懂得适时收敛起自己的锋芒，将自己的聪明隐藏起来的人，才能够在乱世中保全自己。这种通达的处世智慧，就叫作"无道则愚"。

第七十六讲

樊迟问知（zhì）。子曰："务民之义，敬鬼神而远之，可谓知（zhì）矣。"

问仁。曰："仁者先难而后获，可谓仁矣。"（《论语·雍也》）

[译文]

樊迟请教怎么样才算智慧。孔子说："专心努力地从事使人民走向'义'的工作，严敬地对待鬼神，但是要远离它们，这样就可以称得上是智慧了。"樊迟又问怎么样才叫作有仁德。孔子说："有仁德的人先付出艰苦的努力，然后收获成果，这样可以说是有仁德了。"

[扩展学习]

● 樊迟，名须，字子迟，是春秋末期鲁国人。他的主要功绩是继承孔子兴办私学教育，因而在推崇儒学的几个朝代都很受敬重，唐时称他为"樊伯"，宋代封他为"益都侯"，明代称其为"先贤樊子"。

● 面对樊迟对于什么是"知（智）"和"仁"的提问，孔子的回答是致力于使人民走向义的工作，敬重鬼神并远离它们，就算得上智慧；先付出艰苦的努力，然后收获果实，就可以说是有仁德了。孔子在《论语·颜渊》篇中也有一段回答樊迟的话，其中有两句是"先事后得，非崇德与"，和这里对于"仁"的回答差不多是一个意思，就是讲你只有先付出了努力才会有收获，别想着天上会掉免费的馅饼，可以不劳而获。

那为什么说"务民之义，敬鬼神而远之"就是"知（智）"了呢？为什么说智慧的人应该敬鬼神而远之呢？其实那时候的鬼神是指去世的祖先的灵魂。周代十分重视祭祀，就是为了表达后人对祖先的灵魂的敬重。因此，孔子虽然不迷信鬼神，但他认为仍旧要"敬鬼神"，保留的便是心中那一份对祖先的敬重。但为什么又要"远之"呢？这是因为那时候科技文化水平还很低，许多像地震、冰雹、火烧云这种自然灾害和异象人们没有办法解释得通，就会觉得是天上的鬼神在给予惩罚。所以那时候的人普遍比较迷信，做不了决定的时候都是通过占卜的方式来问鬼神。所以孔子说，对待鬼神，敬之就够了，智慧的人应该根据现实的情况去做决定，如果过度崇拜鬼神，那么他就很容易陷入迷信当中。

尊重祖先的灵魂，同时不陷入虚无的迷信之中，这是孔子留给后人的宝贵的文化观念，直到今天还影响着我们每一个中国人。

> ● 敬鬼神而远之：尊重自然界那些未知的事物，但并不陷入迷信之中。

第七十七讲

子曰："吾有知（zhī）乎哉？无知（zhī）也。有鄙夫问于我，空空如也。我叩其两端而竭焉。"（《论语·子罕》）

[译文]

孔子说："我有知识吗？没有知识。有一个乡野人来问我，我对他谈的问题本来一点也不知道。但是我从他所提问题的首尾两头去探求，尽了我的力量来帮助他。"

[扩展学习]

● 孔子有一个关于"两小儿辩日"的故事，说的是孔子曾经到东方游历，遇到两个小孩在争辩太阳什么时候离我们近，什么时候离我们远。一个小孩说太阳刚升起来的时候像车盖一样大，但是中午的时候小的像菜盘子，所以早上离我们近。另一个小孩说太阳刚出来的时候很凉爽，但是中午就热得不行，说明中午离我们更近。孔子听了觉得两个人说的都有道理，便说自己不能判决他们谁对谁错。两个小孩笑着说："谁说您的知识渊博，无所不知呢？"这个故事告诉我们，孔子虽然非常博学，但是他也不是无所不知的人。

就好像在这一则语录里，孔子又被一个没什么文化的乡野村夫给问倒了。可是他却非常诚实和谦虚，哪怕是面对智慧和知识远远不如自己的小孩和乡野鄙夫，他也能够做到"知之为知之，不知为不知"，老实地说自己不知道，而且丝毫不掩饰，不为自己的不知找借口，说自己是"空空如也"，连一点点都不知道。

可是孔子真的是一个无知的人吗？当然不是了。苏格拉底也说自己是一个"一无所知"的人，因为只有认识到自己的不知与不足，才会去追求知识，而这种对于知识没有止境的追求，才是真正的大智慧。孔子正是与苏格拉底一样，拥有这份大智慧的智者。

那么孔子追求知识的方法又是什么呢？他说"叩其两端而竭"，这是一种思考和推理的方法，也是求知的途径。每当孔子遇到不知的事物，他就抓住问题的两头，从首尾、正反两个方向去研究。对于答案的追问不是蜻蜓点水，只知道一些皮毛就不继续研究了，而是要追求到底，只有这样才能够在最大程度上使问题得到解决。这个世界上没有人拥有所有的知识，但是我们可以拥有一颗热爱知识的心。只要永不停下对知识的追求，那么我们就随时处在智慧的状态之中。

[论而成语]

- 空空如也：里面什么也没有。
- 叩其两端：从事物的因果两端，或者正反两端去寻找事物的真相。形容一个人全面地认识事物。

第七十八讲

子曰："知（zhì）者不惑，仁者不忧，勇者不惧。"（《论语·子罕》）

[译文]

孔子说："有智慧的人不致疑惑，有仁德的人不易忧愁，勇敢的人无所畏惧。"

● 在这里，孔子指出了智者、仁者、勇者各自具有的品质，他说有智慧的人不会迷惑，这是因为智慧的人往往很通达，能够将事物的发展走向看得很清楚，很通透，因此便很少有使他们感到困惑的事情。并且由于智者深刻明白"知之为知之，不知为不知"的道理，即使遇到不明白的事情，他们也会努力地去探求问题的谜底，然后收获新的知识，解决自己的疑惑，所以孔子说"知（智）者不惑"。

有仁德的人则不会感到忧愁，这是因为仁者心中有自己坚守的道义原则，他们在意的是自己有没有好好地走在仁义之道上，除此之外，其他的事物是没有办法轻易让仁者感到困扰和担忧的。所以孔子也说过"仁者乐山"，正是他们心胸开阔，心志坚定，才能像山一样沉稳，无论风雨再大，外部世界的事物都很难干扰到仁者。仁者能够"安于仁"，因此便没有什么可以让他们感到忧愁的了。

而勇敢的人则能够没有畏惧地面对生活，无论遇到怎样的困难和挫折，都能够鼓起勇气去面对，选择正面迎战困难而不是躲起来当缩头乌龟，逃避现实。

《中庸》在《论语》的基础上进一步总结说："知（智）、仁、勇，三者天下之达德也。"可见，知（智）、仁、勇在中国传统文化中是最宝贵的品质，值得我们用一生的时间去追求。

[论而成语]

- 智者不惑：智慧的人心中没有疑惑。
- 仁者不忧：具备仁德的人内心总是充满安宁。
- 勇者不惧：真正具有勇气的人从不会害怕。

第七十九讲

樊迟问仁。子曰："爱人。"问知（zhì）。子曰："知人。"

樊迟未达。子曰："举直错诸枉，能使枉者直。"

樊迟退，见子夏曰："乡（xiàng）也吾见于夫子而问知（zhì），子曰：'举直错诸枉，能使枉者直。'何谓也？"

子夏曰："富哉言乎！舜有天下，选于众，举皋（gāo）陶（yáo），不仁者远矣。汤有天下，选于众，举伊尹，不仁者远矣。"（《论语·颜渊》）

樊迟问什么是仁，孔子说："爱人。"樊迟又问什么是智，孔子说："善于知人。"

樊迟没有完全理解。孔子说："把正直的人提拔上来，使他们的位置在不正直的人上面，就能使不正直的人变正直。"

樊迟退了出来，见到子夏，说："刚才我去见老师，问他什么是智，他说：'把正直的人提拔上来，使他们的位置在不正直的人上面。'这是什么意思？"

子夏说道："这是含义多么丰富的话呀！舜有了天下，在众人中选拔人才，把皋陶提拔了起来，不仁的人就远远地离开了。汤得了天下，也从众人中选拔人才，把伊尹提拔起来，那些不仁的人就远远离开了。"

[扩展学习]

● 皋陶，传说中他是东夷族的首领，曾经在舜的手下当过管理刑法的官员，相传我国的第一部《狱典》就是由他制定的。皋陶性格非常正直，因此被古人认为是执法公平的典范。他和尧、舜、禹并称为"上古四圣"。关于皋陶有一个有趣的传说，叫作"獬豸（xiè zhì）决狱"。獬豸是上古的神兽，长得有点像山羊，但是全身长满了浓密的黑毛，双眼明亮有神，额头上也只有一只角。相传这种神兽非常聪明，能够分辨善恶是非，因此每当皋陶判决犹豫不定的时候，就会把它放出来，如果那人有罪，獬豸就会顶他，无罪就不会。后来獬豸便作为我国传统法律的象征而受到历朝的推崇。

● 伊尹，名伊，尹是官名，相当于后世的宰相。他曾经辅佐商汤灭了夏朝，是商朝著名的贤臣，辅助商朝政治五十多年。为了表示对伊尹的敬重与感谢，在他死后，商王用天子的礼节来安葬他，后世也将他尊奉为"商元圣"。除了丞相之外，伊尹还有一个有趣的身份——中华厨祖。因此他常常用烹饪来比喻治理政治，认为治理国家和做菜的原理是相通的。当时还身为奴隶的伊尹为商汤做肉羹，就是用烹调和五味为引子，来分析天下的局势和治理政治的方法，最后成功辅佐商汤灭夏，自己也获封为尹。这就是"以鼎调羹""调和五味"的典故。

● 在这里，樊迟再次向孔子请教什么是"仁"和"知（智）"，孔子的回答是"爱人"和"举直错诸枉"。在前面《仁》这一专题中，我们已经学过，仁者爱人是"仁"最基本的含义，孔子在这里却只给他讲最基础的东西。这是因为在孔子的学生当中，樊迟的天资属于不太出众的那种，这从他听不明白孔子对于"知（智）"的解释而去向子夏请教就能看得出来。所以孔子因材施教，只给他讲最基本的道理，告诉他"仁"最基本也最根本的含义就是"爱人"。

孔子说"知（智）"就是把正直的人选拔出来，使他们的地位高于不正直的人，使不正直的人在正直的人带领下也能够变得正直。樊迟还不明白，子夏给他解释，这就是"举贤才"，把贤直的人选拔出来，那么不仁者就自然会远离。这是一种治理政事的智慧，"举直错诸枉"不仅能够使得有才能的仁人真正能够发挥作用，而且也是一种招揽天下贤才的手段。如果一个国家掌权的都是贤能之人，其他地方的贤才看见了，自然就会来投靠，那么政治便会更加清明。孔子在《论语·为政》篇中还说过"举直错诸枉，则民服。举枉错诸直，则民不服"，就好像老师选了班级里最调皮捣蛋的孩子当班长，那么大家一定都很不服气，但如果换成是班里品学兼优的同学，那么大家一定都心服口。可见，"举直错诸枉"确实是管理者应该懂得的大智慧。

[论而成语]

● 举直错诸枉：提拔正直无私的人，把邪恶不正的人置于一旁。就是说在选拔人才的时候要公平公正。

第八十讲

子曰："可与言而不与之言，失人；不可与言而与之言，失言。知（zhì）者不失人，亦不失言。"（《论语·卫灵公》）

[译文]

孔子说："（和别人相处的时候，）应该和他交谈，但没有同他交谈，这就会错失交朋友的机会；不应该和他交谈，却同他交谈，这是在语言上失了分寸。聪明的人既不会错过和正确的人交谈的机会，也不会浪费口舌（和不该交谈的人说话）。"

[扩展学习]

● 孔子在这里谈论的是如何说话的问题，他认为，智者说话，应当既不失人，又不失言。失人指的是应该和某人交谈，应该和他说的话却没有和他谈，那么这就错失了人；失言则是指不应该和某人说话却跟他说了。那么智者应该怎么做才能既不失人又不失言呢？那就是要认清说话的对象，和正确的人说正确的话。

语言和我们每个人都息息相关，说话不仅是一种简单的行为，更是一种高深的艺术。聪明的人说话，不仅会看场合、看时机，最重要的就是要看清说话的对象，然后把该说的话说了，而不该说的话就一句也别说。

在日常生活中，我们会和各种各样的人交往，而每个人的性格品性都不一样。面对性格开朗，心胸开阔的人，我们说话就可以直接一些。而面对性格内向或者情绪敏感的人，我们说话往往要有所保留，或者更加委婉，因为他很可能会因为你的一句话就生你的气，甚至记恨你，这就叫作失言。所以聪明的人一定会认清他说话的对象，和不同的人说不同的话，这就是智者说话的智慧。

有若少孔子四十三岁。

孔子既没，弟子思慕，有若状似孔子，弟子相与共立为师，师之如夫子时也。

"信"字的左边是一个"人"，右边是一个"言"。"言"的意思是人说的话，而在它左边特意加上一个人的形象，就是用来着重指出这是一个真正的人所说的话。所以"信"字最初的意义就是说做一个真正的人说话要算数，要遵守诺言，说到做到，即"诚实"。由此产生出相信、信用的意思。而因为人说的话也是一种信息，所以从这里又产生出信息的含义。

曾子杀猪

说起诚信，最出名的反面教材就是"狼来了"的故事。故事中的放羊娃一次次地大喊"狼来了"去欺骗山下正在劳作的农夫们，

看着农夫们被自己骗得团团转的样子，只觉得十分有趣，却不知道他失去的是所有人的信任。而当狼真的来了，却再也没有一个人愿意相信他的呼救。最后，他的羊都被狼咬死了，损失非常惨重。

诚信是一种非常重要的美德，而放羊娃却多次说谎，既不尊重别人，也失去了农民们对他的信任，最终害惨了自己。在这一方面，放羊娃做得很不好，而孔子的学生曾参，则从正面给大家树立了一个学习的榜样。

《韩非子》里面记载了一则曾子杀猪的故事：

有一天，曾子的妻子要到集市去买东西，他们的儿子知道了，便哭着闹着也要跟去玩。妻子见怎么劝儿子都不听，就打算撒个谎先把儿子糊弄过去，她说："儿子，你乖乖待在家里，妈妈到集市上去办点事情。等处理完事情，妈妈回家以后就给你杀一头猪，咱们晚上吃顿豪华的猪肉大餐，怎么样？"在那个年代，杀一头猪对于普通百姓家庭来说是非常奢侈的事情，这个诱惑对于小曾同学来讲无疑是非常巨大的。所以他一听立马就消停了，乖乖地让妈妈一个人去了集市。

不久后，曾子的妻子从集市回来了，曾子便去猪圈里抓来一头猪，准备把它杀了给儿子做大餐。妻子一看，立马走过去制止他，说："我刚刚只不过是和小孩子开个玩笑，糊弄一下罢了，干嘛这么认真。"曾子听了这话，很不满意，他说："做人就应该诚实守信，哪怕约定的对象是小孩子，也不能不遵守诺言。而且小孩子还不懂事，容易有样学样。现在你撒谎欺骗他，这就是在教会他撒谎欺骗别人。更何况你是他的母亲，做母亲的欺骗儿子，做儿子的以后就不会再信你了，将来你又该怎么教育他呢？言而无信，这不是教育孩子的好办法。"于是，曾子便信守诺言，杀猪煮了给儿子吃。

在这个故事中，妻子因为儿子还小，便觉得可以随意撒谎糊弄他。而曾子的一番话，则教育我们，不论是对待大人还是小孩，我们都应该信守诺言，诚信是自身的品德，不应根据对象的改变而改变。只有我们先做到诚信，才能收获别人的信任和尊重。尤其是作为父母，更是要以身作则，给自己的孩子树立榜样。

人与人之间要讲诚信，国家与国家之间也是如此，国际信誉在国际社会是一件非常重要的事情，如果国与国之间不讲诚信，那么就很容易引发国际争端甚至战争。以及，国家和普通百姓之间也需要信誉的维护，在前面的内容里我们讲到过，孔子把国家信誉的重要性放在军备和粮食之上。如果国家的领导阶层对老百姓不讲诚信，那么国家就会失去立足的根本。

现在，让我们一起跟随孔夫子的脚步来学习"信"的重要意义吧。

第八十一讲

子曰："道（dǎo）千乘（shèng）之国，敬事而信，节用而爱人，使民以时。"（《论语·学而》）

[译文]

孔子说："治理拥有一千辆兵车的国家，就应该严肃谨慎地处理政事，并且做到诚实守信；节省费用，并且爱护百姓，役使老百姓要遵守农时，不要耽误百姓耕种、收获的时间。"

[扩展学习]

● 千乘之国："乘"在这里是辆的意思，指的是古代用四匹马拉的兵车。所以千乘就是指一千辆车和四千匹马的作战规模。而一乘又配有车上的甲士三人，车下的步兵七十二人，以及后勤人员二十五人，共计一百人的兵力。春秋时期，国家打仗最核心的战斗力量就是兵车和士卒，所以乘的数目多少往往标志着这个国家实力的强弱。

● 在这则语录中，孔子点出了执政者治理千乘之国时应该遵循的三大原则。一是"敬事而信"，就是要认真严肃地对待自己的工作，并且要做一个诚实守信的人。"敬业"是非常重要的，身为执政者，你的工作不仅关乎自己，更涉及国家和民众的利益。执政者必须认真、严肃、谨慎地对待自己的工作，才能够对百姓负责。

"信"，则是要讲信用，这样才能够取得下属和百姓的信任，才能够使得自己的政令顺利施行。战国时代的商鞅，在秦国发动过一场变法，改变了秦国以前很多已有的法律，可是老百姓们一开始都不相信新的法律能够真正地实行。为了让百姓都能够信服他，就叫人在都城的南门竖了一根木头，下令说谁能够把它扛到北门，就赏十两金子。一开始大家都不信，直到赏金涨到五十两，才有人去尝试。结果商鞅立刻履行诺言，给了他五十两赏金。这事传了开去，秦国的百姓便都知道商鞅是个守信的人。故而他颁行的新政令也实施得十分顺利，最终使得秦国迅速地强大起来。可见信用对于执政者来说有多么重要。

二是"节用而爱人"，节用就是要节约开支，不要铺张浪费。自古以来，不懂节省国库开支，随意挥霍，生活奢侈的统治者，基本都逃不过亡国的命运。因为平时随意浪费钱财，不把百姓的血汗钱花在富国利民的事业上，一旦遇到天灾，或者敌国入侵等危机，便没有充足的钱财能够调度，自然就会遭到灭顶之灾了。而"爱人"，便是孔子仁治思想的体现。所谓"得民心者得天下"，"水能载舟，亦能覆舟"，这些古语都在告诉我们，百姓和社会凝聚力对于一个国家来说有多么重要。统治者只有"爱人"，才能被百姓爱戴，社会才能团结友爱，上下一心，国家才能够长治久安。

三是"使民以时"，这里的"时"专指农时。在古代农耕社会，农业耕作是老百姓赖以生存的方式，也是社会经济的命脉。因此，孔子认为，国家的领导者想要有效地治理国家，就应该让百姓在农时尽量耕种和收获农作物。如果不"使民以时"，那么就会导致农业荒废，使得百姓陷入疾苦的生活当中。

> ● 使民以时：让老百姓在该做什么事情的时候就去做什么事情，不要违背农耕的客观时间规律。

第八十二讲

有子曰："信近于义，言可复也。恭近于礼，远耻辱也。因不失其亲，亦可宗也。"（《论语·学而》）

[译文]

有子说："所遵守的约定符合道义，那么约定的话才可以去实践。（一个人）态度容貌的谦恭程度符合礼节，就不会遭受羞辱。（他）所依靠的都是关系亲密的人，那么也就可靠了。"

[扩展学习]

● 有子在这段话中讲了三点，一是信要符合义，二是恭敬要适度，三是要依靠关系亲近的人，假如一个人"因不失其亲"，那么也就能靠得住了。

有子给"信"加上了一个约束条件，那就是"义"。他说，只有"信"符合道义的标准，我们才能够去践行所约定的内容，这才是好的"信"，而不是任何承诺都应该被兑现。打个比方，假如小朋友在学校被同学欺负了，遭受校园霸凌，并且被威胁着发誓不告诉老师和家长，那么这样的约定小朋友们应该遵守吗？当然不用。因为只有符合义的约定才有被践行的必要，如果不符合道义，哪怕是发誓也不必放在心上。有子的老师孔子就是这么做的。曾经有一次，孔子带着他的弟子们到卫国去，在经过蒲地的时候，正碰上那个地方的官员要造反，他们怕孔子向卫国国君打小报告，就把他拘留起来，逼他发誓不去卫国。他们知道孔子是一个很守信的人，所以等孔子发完誓以后，就放他们离开了。可谁知，孔子转头就去了卫国。正因为这是不符合义的"信"，因此就不必去践行它。

有子还给"恭"还加上了一个附加条件，那就是"礼"。他认为"恭"要以礼为标准，只有这样才能够远离羞辱。这一点也不难理解，"恭"虽然是一种美好的品质，但是假如没有礼的约束，那么也就容易招致羞辱了。就好像小朋友们遇到老师和长辈的时候会微微鞠躬或者弯腰来表示恭敬，这是有礼貌的体现。但是如果平时和朋友们见面的时候也这样，那不仅会让自己劳累，甚至会显得有些卑微了。这样过分恭敬的姿态，很容易让人看不起，从而招致羞辱。我们在前面学过的"恭而无礼则劳"（《论语·泰伯》），表达的意思其实就是这里的"恭近于礼，远耻辱也"。

[论而成语]

● 信近于义：人与人之间的承诺一定要符合道义的原则。不符合道义原则的承诺是不必遵守的。

第八十三讲

子曰："人而无信，不知其可也。大车无輗（ní），小车无軏（yuè），其何以行之哉？"（《论语·为政》）

[译文]

孔子说："一个人，如果不讲信誉，真不知道那怎么可以。就像大车的横木没有安上輗，小车的横木没有安上軏一样，怎么能行驶呢？"

● 大车无輗，小车无軏：古代把用牛力拉行的车叫大车，用马力拉行的车叫小车。无论是大车还是小车，都需要把牲畜套在车辕上，车辕的前面有一道横木，就是驾驶牲畜的地方。而大车的横木叫作"鬲"（lì），小车的横木叫作"衡"。横木的两头都有活销，即关键。輗和軏则分别是鬲与衡的关键。如果车子没有关键，那么横木和车辕就无法牢固连接，就没办法套住牲畜，车子自然也就无法行驶了。

● 在这里，孔子用车子没有关键则无法前进来比喻人如果没有信用，那么他在社会上将寸步难行，强调了"信"是一个人立身处世的根本，突显了"信"的重要性和关键性。对个人来说，"信"就像是一张通行证，没有它，我们哪也到不了。而对国家统治者来说，"信"则关系到一个国家的命运。西周末期，周幽王为了博得美人褒姒（bāo sì）一笑，不惜亲自上演"狼来了"的故事。他接连数次点燃烽火，戏弄了前来救驾的诸侯们，因此失去了诸侯们的信任。后来，当犬戎真的发起进攻，周幽王再次点燃烽火求救的时候，没有一位诸侯前来救驾，因为根本没有人会相信他。统治者的失信，最终酿成了西周国破人亡的悲惨结局。可见，"信"对于个人来说是立身之本，因此我们要"取信于人"；而对于执政者或政府来说，则是国家存亡的关键，因此更要倍加重视，"取信于民"。

第八十四讲

子曰："古者言之不出，耻躬之不逮也。"（《论语·里仁》）

[译文]

孔子说："古代的贤良之士一般不会轻易地发言表态，因为他们会因为说了又做不到而感到耻辱。"

[扩展学习]

● 在中国传统文化中经常会提到一个概念叫作"古"。这个"古"字我们今天理解为"古代"的意思。但实际上，这个"古"字除了包含时间观念之外，还包含另外一个观念，那就是"接受过时间考验"的意思。所以，不是随随便便一个生活在古代的人就叫作"古人"，或者"古者"。必须是古代优秀的人、杰出的人、行为处事接受过时间考验的人，才能够叫作"古人"，或者"古者"。

孔子在这段语录中讲到的"古者"，正是古代贤良之士的意思。他的意思是，历史上那些杰出的人，都非常珍视自己的信誉，说到就要做到。说到而做不到，这是令他们感到耻辱的一件事情。正是因为他们言出必行，重视信誉，所以其他人才会信任他们，拥护他们，团结在他们的周围，帮助他们成就事业。

第八十五讲

颜渊、季路侍，子曰："盍各言尔志？"

子路曰："愿车马衣轻裘与朋友共敝之而无憾。"

颜渊曰："愿无伐善，无施劳。"

子路曰："愿闻子之志。"

子曰："老者安之，朋友信之，少者怀之。"（《论语·公冶长》）

颜渊和子路陪在孔子身边，孔子问他们："你们何不来谈谈自己的志向呢？"子路说："我愿意把自己的车子和马，还有名贵的衣服拿出来和朋友们一起分享，就算东西被他们用坏了也不心疼。"颜渊说："我的志向是做一个不吹嘘自己的长处和功劳的人。"子路说："请老师说说您的志向是什么。"孔子说："我的理想是让身边的老人安度晚年，身边的朋友都很信任我，小朋友都得到很好的照顾。"

[扩展学习]

● 在《论语》中，孔子曾向好几位学生询问过他们的志向，以便了解他们的学习情况和思想境界。而在这一则语录里，孔子很难得地直接说出了自己的人生志向。也许出乎大家的意料，孔子的志向看起来并没有非常的远大，他所讲到的志向并不是什么惊天动地的大事，而是全部关系到身边的普通人。其中，"朋友信之"是三大志向之一，可见在孔子的心目中，获得朋友的信任是一件非常重要的事情。要获得朋友的信任，首先自己对待朋友就要信守承诺，这是孔夫子的言外之意。

● 这一条《论语》记载，展现了子路、颜渊和孔子三个非常不同的人物形象，他们的性格都很突出，所说的人生志向各有各的精彩，但是人生境界有所不同。

子路是一个很大方，不看重物质财富的人，所以他有什么好东西都愿意很大方地分享给朋友。他的人生理想是和朋友们打成一片，不分彼此。

颜渊是一个重视内在道德修养的人，所以他的人生理想和其他人没有关系，他希望能够保持自己谦虚、内敛、不张扬的人生态度。

而孔子的志向兼顾到自己的内在修养和外在的人际交往，像春风化雨一般，让自己和身边的人都能够达到和谐的状态。

[论而成语]

● 各言其志：一般指老师让学生各自表达自己的人生理想，学生在老师的指引下畅所欲言。

第八十六讲

子曰："片言可以折狱者，其由也与？"子路无宿诺。(《论语·颜渊》)

[译文]

孔子说："打官司的时候，只要听单方面的话就能够判断出双方的是非曲直，这样的事情除了子路以外还有谁能做到呢？"子路只要答应别人的事，从来不会拖很久，很快就会去兑现。

[扩展学习]

● 在前面的学习中，我们知道子路是一个脾气暴烈，同时文化水平不高的人。这样的人也能够去审理案件吗？而且，根据孔子的说法，子路判断案件，只要听一方面的意见就可以得出正确的结论，这看起来是一件很奇怪的事情。因为我们都知道，打官司是双方面的事情，一般来说，打官司的两方都会各说各有理，也都会朝着自己有利的方面去说，子路只听单方面的意见，怎么可能断得对案子呢？

其实，要理解孔子的这一则语录，要结合后面那一句补充的话来看。后面补充说，子路是一个重视诚信的人，只要他答应了别人什么事情，他一定会最快地去兑现诺言。这句话一方面表现出子路是个急脾气，做什么事情都是雷厉风行的，另一方面表现出子路的为人言出必行。

因为子路非常重视诚信，所以人们也以诚信的态度来对待他，不会跟他说假话。因为大家都不跟他说假话，所以哪怕是打官司的时候也不会欺骗他，所以他只要听一方面的意见，就足够了解案件的真实过程，由此得出正确的结论。

实际上，在真实的诉讼案件中，是不可能有人只听一方就可以审理案件的。哪怕中国古代打官司，也讲究"两造具备"，也就是必须要双方到场，各自摆证据讲事实，审判官才能给出合理的判决。孔子对子路的这个评价，带有很强的传奇色彩，但同时也很精彩地刻画出子路正直、无私、信守诺言的人物形象。

[论而成语]

● 片言折狱：在打官司的时候，原被告双方都很有诚信精神，不会说假话，因此审判者只需要听一方的意见就可以推见事情的全貌。

第八十七讲

子贡问曰："何如斯可谓之士矣？"子曰："行己有耻，使于四方，不辱君命，可谓士矣。"

曰："敢问其次。"曰："宗族称孝焉，乡党称弟（tì）焉。"

曰："敢问其次。"曰："言必信，行必果，硁硁（kēng）然小人哉！抑亦可以为次矣。"

曰："今之从政者何如？"子曰："噫！斗（dǒu）筲（shāo）之人，何足算也？"（《论语·子路》）

[译文]

子贡问孔子："怎么样才可以称得上'士'呢？"孔子说："能保持羞耻之心来约束自己的行为，出使外国能够很好地完成君主的使命，这样就可以称作'士'了。"

子贡说："请问次一等的'士'是什么样的？"孔子说："宗族的人称赞他孝顺，乡里的人称赞他尊敬长辈。"

子贡又说："请问再次一等的'士'是什么样的？"孔子说："说话一定诚实守信，做事一定坚定果断，这样的人虽然是耿直固执的小人，但也可以算是再次一等的'士'了。"

子贡说："现在那些执政的人怎么样？"孔子说："唉！

213

这班器量狭小的家伙，算得了什么呢！"

[扩展学习]

● 斗筲之人：斗是古代的量词，一斗等于十升。而筲是一种用竹子制成的器具，是古代的饭筐，它的容量是一斗二升。"斗筲之人"则一般用来比喻器量非常狭小，心胸非常狭隘的人。

● 子贡向孔子请教怎么样才叫作"士"，孔子说最上等的士要做到"行己有耻""不辱君命"。就是说行为上，要时刻用一颗羞耻之心来约束自己，这样的人做什么都能够无愧于心。而当他执行政令的时候，也要具备足够的政治才能，才可以很好地完成任务，维护国家的利益和尊严。这是孔子站在个人的修养品性和政治才能的高度上来讲的。简单点来说就是上等的"士"应该是一个才德兼备的人，是一位道德高尚的国家栋梁。

而次一等的士，则是在宗族和乡党中都受人称赞，享有美名的人。这就去掉了在家国才干方面的考虑，只考虑这个人的道德品行如何。所谓"百善孝为先"，尤其是在实行血缘宗法制的社会中，考察一个人的品性最重要的就是看他是不是一个"孝悌"之人。因此孔子说，假如一个人被宗族认为是孝顺的，被乡里邻居称赞是尊敬师长的，那么这个人也算得上是次一等的士。

再次一等的士，则是"言必信，行必果"的小人。我们一般认为，"信"就是诚实守信，言出必行，但是孔子却说"言必信，行必果，硁硁然小人哉！"意思是说话一定守信，做事一定有结果，这样是浅薄固执的小人。这是为什么呢？其实，有子在前面已经告诉了我们答案，那就是"信近于义，言可复也"（《论语·学而》）。可见"信"不是简单地做到"言出必行"就足够了，而是要以道义为准绳的。孟子在《孟子·离娄》中说："大人者，言不必信，行不必果，惟义所在。"就是这个意思。只有符合义的信才会去实践，这样的人是"大人"。假如只是为了守信而守信，为了结果而行动，那么就是固执浅薄、不懂变通的"小人"。虽然这么说，但是做人讲信用、重行为，还是值得称道的，因此这也算得上士，只不过已经是最次等的士了。

● 言必信，行必果：这两句话在《论语》中含有贬义，但在后世的日常使用中却转义成了褒义词，它表示一个人信守承诺，行事雷厉风行。

第八十八讲

子曰："不逆诈，不亿不信，抑亦先觉者，是贤乎！"（《论语·宪问》）

[译文]

孔子说："不预先怀疑别人欺诈，也不凭空猜测别人不诚信，却能及早地察觉，这样的人才是贤者啊！"

[扩展学习]

● 这一则语录，孔子谈论的是我们与人交往，刚开始应该抱有的态度，即"不逆诈，不亿（臆）不信"。就是说，我们首先要把对方当作是一个值得信任、值得交往的朋友去相处，不要无端端地去怀疑和臆测他人。这既是去相信他人的善意，也是在释放自己的善意。打个比方，假如有一个陌生人想和你交朋友，你首先要相信他是单纯地想和你交往，而不是没有根据地去怀疑他，去设想他结识你背后种种不好的目的。比如是不是看上你家里有钱，或者想要从你那里得到什么好处。这样没有理由地猜疑是不应该的。

但这是不是就意味着对别人完全不设防呢？当然不是。只是说在刚开始的时候，我们还是应该选择善意地去相信别人，不要过度猜疑，随意猜想。同时，你的心里也应该像有一面明镜一样，在与人交往的时候能够迅速地照出他的本真面目，当别人想要欺骗你、利用你的时候，可以立马照见他的不良意图，使自己不会被假装善良的坏人所蒙骗。有了这样的能力，在孔子看来便算得上贤人了。

第八十九讲

子张问行，子曰："言忠信，行笃（dǔ）敬，虽蛮貊（mò）之邦行矣；言不忠信，行不笃敬，虽州里，行乎哉？立则见其参（cān）于前也；在舆（yú）则见其倚于衡也。夫（fú）然

后行。"子张书诸绅。(《论语·卫灵公》)

[译文]

　　子张问孔子怎样才能使自己处处行得通。孔子说："言语忠实诚信，行为笃厚恭敬，即使到了落后的野蛮地区，也能行得通。言语不忠实诚信，行为不笃厚恭敬，即使是在本乡本土，也是行不通的。站立的时候，就好像看见'忠实、诚信、笃厚、恭敬'几个字直排列在面前；在车上时，也好像看见这几个字刻在车前面的横木上，这样才能使自己处处行得通。"子张把这些话写在衣服的大带上。

[扩展学习]

　　● 蛮貊之邦：我国古代把中国文明称为华夏文明，认为这是先进地区的文明，而把四周的文化落后地区按方位分别称呼为东夷、西戎（róng）、南蛮、北狄。蛮貊具体指的是南蛮和北狄，但一般和夷狄一样，也用来泛指四周的落后部族。这里就是属于泛指的用法。

　　● 子张向孔子问"行"，孔子回答他，一个人只要时时刻刻做到"言忠信，行笃敬"，那么他就可以使自己处处都行得通。这是从人的言语和行为两方面提出的"修身"的要求。"言忠信，行笃敬"，意思就是说话要忠诚、信实，行为要笃定、恭敬。这两者是不可分割，缺一不可的。子张（颛孙师）在孔子那里得到的评价是"师也过"。"师也过"，就是说孔子认为子张是一个比较激进的人，做事情容易过火，那么他就容易有不老实，喜欢说漂亮话，言不符实的毛病。所以孔子针对子张这样的性格特征，提醒他"言忠信，行笃敬"的重要性，并且希望他能够把这几个字牢记在心，不论何时何地，这几个字都能浮现在他眼前，约束自己的一言一行。子张听完，把这几个字写在了衣服的大带上，实际上他是将老师的教诲铭记在心中。而对于我们每个人来说，这两点同样重要，希望我们可以向子张学习，将这几个字牢记在心中，时刻做到"言忠信，行笃敬"，这样，你在社会中便处处都行得通了。

第九十讲

　　子夏曰："君子信而后劳其民，未信，则以为厉己也；信而后谏，未信，则以为谤（bàng）己也。"（《论语·子张》）

　　子夏说："君子必须得到百姓的信任才去管理他们，如果没有取得百姓的信任，那么百姓就会认为你是在虐待他们。君子必须得到君主的信任才去进谏，没有得到信任就去进谏，君主就会以为你是在毁谤他。"

[扩展学习]

　　● 子夏在这里指出君子从事政治的一个诀窍，那就是无论是管理百姓还是辅佐君主，都要先取得他们对你的信任。这样，你提出的意见和建议君主才会认真思考和听取，否则，你到君主面前大发议论，说您这里做得不好，那里还有待改进，长篇大论一通后，哪怕你说的每一句话都是对的，君主也只会认为你是在诽谤他，毁坏他的声誉。因此你的下场一定好不到哪儿去，轻则丢了官位，重则丢了性命。孔子曾说"知者不失人，亦不失言"（《论语·卫灵公》），如果没有取得君主的信任就冲动地去进谏，那么这就属于"失言"了。所以君子参政，一定是在取得君主的信任之后才去进谏。

　　君子辅佐上级是这样，管理百姓也是如此。只有在取得民众的信任以后，君子才会去役使他们，否则，百姓就会对你产生抵触的心理，会忍不住怀疑你是在虐待、压榨他们，那么百姓自然不乐意配合你的管理，也不会自觉遵守和实行你颁布的法令。

子曰："人能弘道，非道弘人。"

天下君王至于贤人众矣，当时则荣，没则已焉。孔子布衣，传十余世，学者宗之。自天子王侯，中国言六艺者折中于夫子，可谓至圣矣！

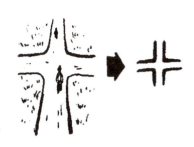

"行"这个字，最早的图像是一个"十字路口"的象形，意思是道路，读作"háng"。渐渐地从这里引申出人在道路上行走的意思，"行"就有了行动、行为、流通、走路等意义，此时读作"xíng"。而十字路口的流通量比一般道路的流通量要大许多，因为这样的特性，"行"字又产生出能干、可以等含义。

学以致用

南宋著名诗人陆游曾写过一首诗，名叫《冬夜读书示子聿（yù）》。诗中，他写道："古人学问无遗力，少壮工夫老始成。纸上得来终觉浅，绝知此事要躬行。"这首诗是陆游写给他的小儿子陆子聿的，意思是说，古人做

专 题 十

行语

学问的态度是竭尽全力，坚持不懈的。他们往往从年少的时候就开始努力，到了年老的时候才能够有所成就。而在做学问的方法上，必须要做到"躬行"，也就是亲身实践才可以。这是因为我们在书本上得到的知识终归是理论性的，只有通过亲身实践，才能够领悟到理论背后真实、深刻的道理，否则，我们就无法把那些知识都转化为自己实际的本领。

《史记》里面记载了一个叫作"纸上谈兵"的故事，正好可以印证这个道理：

战国时期，赵国有一名叫作赵奢的大将军，他的军事才能非常出众，曾经多次立下战功，也因此被封为马服君。他的儿子赵括从小就开始学习兵法，并且还会熟练运用兵书上的知识，时不时就和父亲来场头脑风暴，谈论用兵打仗、排兵布阵的计策，有时候连他父亲也说不过他。但是他的父亲却不认为他好，并为此感到十分担忧，他对妻子说："用兵打仗，是关系到百姓生死和国家存亡的事情，咱们儿子虽然熟读兵法，但是没有任何的实战经验，只会纸上谈兵。加上他现在把打仗看得这么容易，将来如果真的让他领军作战，恐怕会输得很惨烈。"

俗话说"知子莫若父"，果不其然，在秦赵后来的交战中，秦国任命白起为将军，率领百万雄兵讨伐赵国。而赵国则派出大将廉颇，让他领兵四十万，在长平展开阻击战。实战经验丰富的廉颇知道秦军虽然人马众多，但是他们存在粮草运输的困难。于是便命令赵军凭借地形优势以守为攻，慢慢消耗秦军，达到让秦军不战而退的目的。

这个计策果然十分有效，秦军没有别的办法，只能使出一招离间计。派人在城里四处散播谣言，说秦军根本不怕廉颇，最怕的是赵括。赵王果然中计，立即让赵括来代替廉颇对抗秦军。而赵括到了前线，由于轻敌加上没有实战经验，不懂得根据实际情况来制定战术，只会僵硬地套用兵书上的理论，一改之前廉颇的作战策略，选择与秦军正面交锋，结果中了秦军的埋伏，最后全军覆没。这一战的惨败也使得赵国元气大伤，不久后便被秦国所灭。

赵括的故事向我们证明了学以致用的重要性，纸上谈兵终究抵不过躬行实践。我们只有通过实践，才能使书上的知识"活过来"。学习《论语》也是一样，孔子教给我们如此多的智慧与人生哲学，假如我们只学习却不实践，不把学到的东西转化到生活当中去，那么我们的收获和进步是微乎其微的。

北宋理学家、教育家程颐说过一段话："今人不会读书，如读《论语》，未读时是此等人，读了后又只是此等人，便是不曾读。"意思是：如果一个人读了《论语》之后，在实际的品德和能力上并没有什么本质的提高，那么就相当于根本没读过《论语》这部书。这就是在督促我们要学以致用，希望我们在学完《论语》以后，能够将收获的知识与智慧运用到自己的生活中去，在各方面都有所进步，成为比原来更加优秀的人。

第九十一讲

子夏曰："贤贤易色；事父母，能竭其力；事君，能致其身；与朋友交，言而有信。虽曰未学，吾必谓之学矣。"（《论语·学而》）

[译文]

子夏说："（一个人）能够看重妻子的贤德而轻视美色；侍奉父母，能够竭尽全力；服侍君主，能够献出自己的生命；与朋友交往，说话诚实守信。这样的人，即使他没有学习过，我也一定要说他已经学习过了。"

● 我们在前面已经学过"弟子入则孝，出则弟，谨而信，泛爱众，而亲仁。行有余力，则以学文"(《论语·学而》)。孔子认为，一个人品德的修养和实践是一定优先于文献知识的学习的，只有在做到孝悌、谨信、爱众、亲仁以后，才用多余的精力去学习文献知识。也就是说，在做学问之前，先要学会做人才行。子夏在这里说的话，用意和孔子其实是相通的。

他同样认为，德性的修习比文化知识的学习更加重要，"贤贤易色"是夫妻之间贤德的修养，指的是丈夫对妻子的评价应当以妻子的德行为主，而不是容貌姿色。"事父母，能竭其力"是父子之间"孝"之德的修养，所谓"百善孝为先"，一个人是否孝顺决定了他是否是一个有德之人，故而我们要诚心、尽力地侍奉父母。"事君，能致其身"是君臣之间"忠"之德的修养，"致"在这里是奉献的意思，臣子连生命都愿意为君主奉献，那么这就是百分百的忠诚。历史上有名的丞相诸葛亮，一生鞠躬尽瘁，死而后已，便是我国传统文化中忠臣与智者的代表人物。"与朋友交，言而有信"则是朋友之间"信"之德的修养，一个人如果不讲信用，那么孔子说他就像车子没有关键一样，是无法行走的，所以"信"是人在社会上立足的根本，与他人交往，必须诚实守信。而这四方面德行的修养，都必须落实到"行"当中去，躬身践行，在实践当中领悟生活的学问，才算是真正的德行合一，做到这样，才算是子夏说的"虽曰未学，吾必谓之学矣"。

[论而成语]

> • 贤贤易色：成年男子在寻求伴侣的时候，应该首先注重对方的德行而不是外貌。
>
> • 言而有信：自己做出的承诺就一定要做到。

第九十二讲

子贡问君子。子曰："先行其言而后从之。"（《论语·为政》）

[译文]

子贡向孔子请教怎么样才能成为一个君子。孔子回答说："你先把你想要说的东西做到了，然后再说出来。"

● 我们在前面讲"君子"这个专题的时候讲到过，子贡曾经问孔子怎么评价自己。孔子评价他是"瑚琏之器"，按照孔子所说的"君子不器"这个标准，子贡虽然像瑚琏一样才干出众，但还达不到一个君子的要求。但是子贡并没有因为老师这样评价他而感到灰心气馁，在子贡的心里，他还是非常渴望能在老师的教导下成为一名合格的君子，所以他诚心向孔子提出了这个问题。

● 在孔子的学生之中，子贡的口才非常突出。根据《史记·仲尼弟子列传》的记载，孔门弟子之中口才最好的就是子贡和宰我。但是在孔子看来，嘴巴厉害，很多时候未必是一件好事。正所谓"巧言令色，鲜矣仁"，嘴上说得天花乱坠的人，往往距离仁德很远。所以孔子对子贡的教育，并不强化和放大他本身的口才优势，而是告诉他，做事比说话更重要，要先做到，再说出来。这是专门针对子贡的弱点提出的针对性意见，是孔子因材施教的一个精彩案例。

第九十三讲

或谓孔子曰："子奚不为政？"子曰："《书》云：'孝乎惟孝，友于兄弟，施于有政。'是亦为政，奚其为为政？"（《论语·为政》）

[译文]

有人对孔子说："你为什么不从事政治呢？"孔子回答说："《尚书》上说：'孝呀，只有孝敬父母，友爱兄弟。把这种孝悌的风气影响到政事上去。'这样也就是从事政治了呀，为什么一定要做官才算是参与政治呢？"

[扩展学习]

● 《书》：在古代典籍中专指《尚书》，"尚"就是"上"，指的是上古的书。《尚书》主要负责记录历代君王的言行和诏令，是儒家的经典著作。从汉代开始，《尚书》和《诗经》《仪礼》《周易》《春秋》合称为"五经"。

● 有人问孔子，你为什么不从政？当然，孔子不是不想当官，毕竟有了权力才能更好地实行他的主张，只是他的政治主张在当时不大受欢迎，所以也没什么人任用他。对于这个问题，孔子没有直接回答，而是引用了《尚书》里面的话"孝乎惟孝，友于兄弟，施于有政"。他认为不一定要当官才算是参与政治，像他这样用礼乐来教育别人，用德行来教化民众，老百姓的道德水平上升了，更加自觉地遵纪守法，这样也是参与政治的一种方式。

我们可以这样来理解，孔子虽然自己在从政这条路上走得不顺畅，但是他教出来的许多优秀学生都成了杰出优秀的人物，对社会的影响很大。比如子游在鲁国当官的时候就发扬孔子的学说，用礼乐来教育百姓，受到了孔子的称赞。通过这样的方式，让他的主张和学说得到施行，这在某种程度上来说也算是孔子参与了政治。可见，哪怕孔子在政治的道路上走得十分艰难，他也从来没有放弃，而是用实际行动来实践自己的理想。

第九十四讲

子曰："不患无位，患所以立。不患莫己知，求为可知也。"（《论语·里仁》）

孔子说："不要担心自己没有好的职位，要担心就担心自己有没有胜任职位的本事。不要担心别人不了解自己，努力做好自己的事情别人自然就了解你了。"

[扩展学习]

● 今天的人们为就业找工作而担心发愁，两千五百年前的人估计也很为找工作发愁。就业压力大，找不到理想工作的时候，古往今来很多人就坐在家里整天犯愁。这个时候孔子告诉我们，担心没有好工作是没有用的，我们真正应该担心的是自己没有本事。那怎么才能让自己有本事呢？答案非常简单，就是踏踏实实地学习，踏踏实实地做好每一件事，在学习和实践当中去积累能力，而空想是毫无意义的。这就对应着孔子在《论语》里反复强调的"行"，或者"敏行"。从古到今，真正实干的人是不会饿肚子的。

同样，和别人交往的时候也是这样。一开始的时候，别人不了解自己，或者对自己有什么误解，这都是不需要担心的事情，也不需要用语言去辩解。只要踏踏实实地做好自己，时间长了，别人自然会对你刮目相看。

所以，无论是求取职位，还是与人交往，最重要的是自己怎么做。"行"，才是关键。

第九十五讲

子曰："君子欲讷（nè）于言而敏于行。"（《论语·里仁》）

[译文]

孔子说："君子言语要谨慎，行动要勤敏。"

[扩展学习]

● 讷：在这里是说话谨慎的意思。"讷"由"言"和"内"构成，"言"就是人张口说话的意思，而"内"则是指内里、里面。所以"讷"字的意思就是形容话在嘴巴里面说不出来，本义是说话迟钝。但在孔子这句话里，"讷"则和"刚、毅、木、讷"的"讷"一样，是指说话谨慎，不轻易说出口的意思。

● 孔子对于君子在言行方面的要求一向很明确，即"讷于言"和"敏于行"，这在《论语》当中有很多次体现。例如"君子耻其言而过其行"（《论语·宪问》），"敏于事而慎于言"（《论语·学而》），等等，都是相同的意思。"讷于言"，首先是提醒我们"祸从口出"，因此君子应该要少说空话，不该说的或者没必要说的话尽量别说。这不意味着不说话，该说的话还是一定要说，但必须要在经过仔细思考和衡量之后，再谨慎地说出口。这不仅是君子该做到的，也是我们每个人在和他人交往时应该做到的。孔子不仅强调君子在说话方面应当"讷于言"，更强调他们在处事方面要做到"敏于行"。行，即是实践，这是将"言"落实到实际当中去的一个步骤。而敏，则是一种实践的态度，不论道路有多艰难，不论终点有多遥远，只要勤于实践，只要踏踏实实地在路上，就一定能够到达。我们每个人都应该把"讷于言，敏于行"作为我们为人处事的准则，加深思考，重视实践，这才是真正高明的处世方法。

[论而成语]

- 讷言敏行：少说话，多做事。

第九十六讲

宰予昼寝。子曰："朽木不可雕也，粪土之墙不可杇也，于予与何诛？"子曰："始吾于人也，听其言而信其行；今吾于人也，听其言而观其行。于予与改是。"（《论语·公冶长》）

[译文]

宰予白天睡大觉。孔子说："腐烂的木头不能用来做木雕，被粪土弄脏的墙壁怎么刷也刷不干净。宰予这个人啊，我真是不想再说他了。"孔子还说："以前我跟别人交往，听他怎么说，就相信他真的会这样做。今天和我跟别人交往，听他怎么说，还要看他能不能做到。这都是宰予改变了我的看法。"

[扩展学习]

● 宰予，字子我，又被叫作宰我。我们前面讲到过，在孔子所有的学生中，孔子有一个最喜欢的学生叫作颜回。另外，他还有一个最不喜欢的学生，这个人毫无疑问就是宰予。在《论语》中涉及宰予的记载，基本都是孔子在狠狠地批评他，话说得非常重，甚至有些时候根本就不愿意回答他提出的问题。比如说宰予曾经问孔子关于五帝德行的问题，孔子说，这根本就不是你应该问的问题，言下之意是，你的水平太低，跟你讲了也听不懂。

这和我们印象中孔子对学生循循善诱的态度很不一样。能够把孔子气成这样的学生，宰予还真的是唯一的一个。那么，孔子为什么这么讨厌这个学生呢？从我们现在正在学习的这一条《论语》中可以找到答案。首先，可以肯定的是宰予一定很懒。大家想想看，古代没有电灯、电视、手机，基本上没有什么夜生活，一到天黑了就会睡觉休息，而宰予晚上睡了还不够，白天接着睡，这得懒到什么程度。第二，宰予是一个言行不一致的人，我们前面讲到过，在孔门弟子之中，口才最好的人是子贡和宰予，也就是说宰予的口才可以和子贡相提并论，这本来是非常了不起的一件事。可是通过孔子的话我们可以知道，宰予一定是说过很多夸夸其谈的大话，最后都没有落实做到，搞到孔子从接触他以后就不敢轻信别人说的话。能够给孔子造成严重的心理阴影，可见他有多么不可靠。

● 宰予和子贡同样是孔子的学生，孔子从没有放弃对子贡的教导，孔子教导子贡要"先行其言而后从之"，要先做事再说话。可是对于宰予这个学生，孔子是真的绝望了，连教导他的话都不想说出口，这就是我们经常说的无可救药。事实证明，最后宰予确实也没落得个好下场，他参与齐国的田常作乱而被杀。宰予的事迹告诉我们，一个人言行不一的坏毛病如果不能够及时纠正，越走越偏到老师都教不过来的地步，最后会让自己陷入悲惨的境遇当中。

[论而成语]

● 朽木不可雕也：形容一个学生各方面表现都很差劲，差劲到老师认为他无可救药。

第九十七讲

子曰："文，莫吾犹人也。躬行君子，则吾未之有得。"（《论语·述而》）

[译文]

孔子说："就掌握书本上的知识来说，大概我和别人差不多。但是亲身实践去做一个君子，那我还没有成功。"

● 这几句话是孔子的自我评价，他认为自己在文献方面掌握的知识和别人差不多，水平还可以。但是在躬身实践这方面，他觉得自己离君子的标准还有一定的距离。当然，在后人的心目中，孔子的境界可不仅仅只是君子，而是被认为到达了圣人的层次。可见孔子这个自我评价是十分谦虚的。

实际上，这段话也是孔子在告诫我们，"躬行"对于成为一个真正的君子来说是十分重要的。书本上的知识积累是没有止境的，"学"了以后，能不能够"习"，才是一个人能否真正提高自身修养与能力的关键。因为一切脑海中的事物，都必须通过躬行实践，才能够转化为自己的东西。同时，我们也会对它有更加真实和深入的领会。

所以，一个人在成为君子这条路上的修行，可贵在躬行实践，难也就难在躬行实践。我们不能够只有口号而没有行动，切记，躬行才是通向君子的正确道路。

第九十八讲

子曰："盖有不知而作之者，我无是也。多闻，择其善者

而从之；多见而识（zhì）之；知之次也。"（《论语·述而》）

孔子说："大概有一种自己不懂却凭空创作的人，我没有这种毛病。多听，选择其中好的去接受学习；多看，把它们全记在心里。这样的知，是仅次于'生而知之'的。"

● 作：就是创作的意思，孔子说世上大概有一类"不知而作之者"，他们没有真才实学，自己什么都不懂却要凭空创作，而我没有这样的坏毛病。他曾经评价自己为"述而不作"（《论语·述而》），意思是只负责阐述而不进行创作，和这里的"不作"意思是相似的。这几句话讲的是孔子对于学习与创作的看法。

他认为，"作"的前提是"知"，而且必须是达到一定境界的"深知"。"生而知之者"自然天生就拥有"作"的权力，但是那样的人是非常少的，而我们大部分人，包括孔子在内都是属于通过后天学习才能够获得知识的群体。因此，孔子认为我们必须主动地多听，多看，多学，多记，这样我们才能争取成为只比"生而知之者"稍稍次一点的群体。次，就

239

是"差一等"的意思,"知之次"即是"次一等的知"的意思。我们在前面学过"生而知之者,上也;学而知之者,次也"（《论语·季氏》）,这里的"知之次",正是"学而知之者,次也"的意思。而"学而知之者"通过不断的学习和积累,当他们对某一个领域的"知"达到极高境界,成为真正"专家"的时候,才有资格在"知"的前提下去"作",去发表自己的意见。所以,"知"的实践积累是非常重要的,假如没有这个踏实、艰苦的过程,那么"作"便只会是一纸空谈,而只有以坚实的"知"的实践为基础,才能够得到丰硕的成果。

[论而成语]

● 择善而从：要善于从别人的身上选择他的优点来进行学习。

第九十九讲

子曰："诵《诗》三百,授之以政,不达;使于四方,不能专对;虽多,亦奚以为?"（《论语·子路》)

孔子说："熟读了《诗经》三百篇，交给他政治任务，他却办不好；派他出使到外国，他又不能独立地应对外交。纵使他读得多，又有什么用处呢？"

[扩展学习]

● 专对：古代的外交使节，在接受外派任务的时候，只接受他最终要完成的使命，至于过程中如何去交际和应对，就只能够依靠自己随机应变了，这就叫作"受命不受辞"，也就是这里的"专对"。而在春秋时期，士大夫们往往都是通过背诵《诗经》篇目，或是引用《诗经》当中的某一句话，来代替日常语言进行交谈的。所以，《诗》可以说是外交官们的必读书目。对于他们来说，真的是"不学《诗》，无以言"。

● 这一章中，孔子明确提出了"学以致用"的观点。他以《诗经》为例，指出一个人如果熟读"诗三百"，却不能够将学到的知识在实践当中运用出来，把政治任务交给他，他却办不好，派他出使到外国去，也不能够独立地应对，那么他《诗经》记得再牢，背得再多，也等于白费功夫。

书读得多，知识渊博，这当然是一件好事，但是任何的知识，假如不能够做到"学以致用"，那么这样的学习方式就是属于非常低层次的"死读书"了。这意味着你拥有的知识对你能力的提升起到的作用非常小，所以孔子用"虽多，亦奚以为"对此给予了无情的否定。而只有"学"与"习"相结合，将所学到的知识运用到实践当中去，让书本上的知识在实际的工作和生活中发挥有效的作用，这才算得上是真正地学到了。因此，我们在学习的过程中，也要牢记，"学以致用"才是真正有效、有用的学习方法，千万不要光顾着学习教条，而忽视了运用、实践的重要性。

第一百讲

子曰："人能弘道，非道弘人。"（《论语·卫灵公》）

[译文]

孔子说："人能够把道发扬光大，不是道能把人变得伟大。"

[扩展学习]

● 孔子所说的"道"与道家思想中的"道"是不太一样

的。道家的"道"通常被认为是万物的本原，是一种抽象的存在，是人类永远无法把握的。而孔子口中的"道"，就没有那么玄乎，往往更加具体，更加贴近人类，更多地指向于生活和行为上的意义。例如"文武之道"（《论语·子张》）指的是文王和武王治理国家的优秀的政治方法和理念；"君子务本，本立而道生"（《论语·学而》）指的是君子树立起做人的根本性原则。孔子的"道"，和人类的生活实践活动是息息相关的。

● "人能弘道，非道弘人"这两个短短的句子，是《论语》当中气魄最宏大，最掷地有声的两句话。人类历史上所有的杰出思想和伟大发明，都是人类在漫长的实践道路中探索出来的，而不是亦步亦趋跟随书本上的道理模仿出来的。是人造就了人类社会一切伟大的事物，而不是依靠着伟大事物成为伟大的人。

● 中国现代著名作家鲁迅曾经说过："其实地上本没有路，走的人多了，也便成了路。"（鲁迅《故乡》）鲁迅的这番话和孔子在两千五百年前所说的"人能弘道，非道弘人"意思非常接近。可见古代和现代的伟大人物，他们的思想总是能够穿透时空，激起共鸣。

● 人能弘道：人的潜能非常巨大，要通过自己不懈的努力来把自己的理想发扬光大。